AF460302

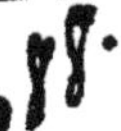

ACTE III, SCÈNE XIV.

BIBLIOTHEQUE ROYALE

POLLY,

DRAME EN TROIS ACTES, MÊLÉ DE COUPLETS,

Par MM. Mélesville et Carmouche,

MUSIQUE DE M. J. DOCHE, DÉCORS DE M. COUTENT,

Représenté pour la première fois sur le théâtre du Vaudeville, le 14 avril 1837.

PERSONNAGES.	*ACTEURS.*	*PERSONNAGES.*	*ACTEURS.*
ILVERTON, jeune lord.	M. Hippolyte.	STEWEN.	M. Ludovic.
SIR MORTIMER, son ami. .	M. Lepeintre (aîné).	Dick. } grooms.	
YORRICK, bottier de Londres. .	M. Arnal.	Williams } grooms.	
POLLY, orpheline.	Mlle Fargueuil.	UN SHERIFF.	M. Achille.
IDA.	Mlle H. Balthazard.	Une MARCHANDE de MODES.	Mlle Éliza.
JOHN, jockey d'Ilverton.	M. Amant.	Un GARÇON de MAGASIN.	M. Neveu.
JACK, jockey de Mortimer. . .	M. Ballard.	Amis, Hommes et Femmes, Domestiques.	

Les deux premiers actes se passent chez Mortimer; le troisième chez Ilverton.

ACTE PREMIER.

Le théâtre représente un joli salon à l'anglaise. A droite, au troisième plan, une porte; une autre au fond. A gauche au troisième plan, une croisée. Beaucoup de désordre dans l'ameublement : d'un côté, des fusils, des couteaux de chasse, deux cors; de l'autre, des cravaches, des fouets, des gravures de marine, de courses de chevaux; des gants de boxeurs et des caricatures. A droite, une table avec des cartes et des jetons. A gauche, un canapé, chaises, fauteuils, etc.

SCENE PREMIERE.

JOHN, VILLIAMS, DICK, JACK.

Au lever du rideau, Dick et Jack ont mis les gants de boxeurs et échangent quelques coups de poing; Williams assis sur une table et John sur le canapé jugent les coups.

Air : *Le voilà, le voilà.*

DICK, *portant un coup à Jack.*

C'est à toi...

JACK, *parant gauchement.*

Non, ma foi,
Et chacun, je pense,
Est témoin
Que j'nai point
Reçu ton coup d'poing!

JOHN.

Pour deux coups de poing ici
La bell' différence!
Que chacun de vous ici
En prenne un pour lui.

DICK *et* JACK.

Tiens, c'te fois,
Tu l'as, j'crois,

8.

Reçu d'importance.
Sans orgueil,
J'crois qu'ton œil
En port'ra le deuil.

JACK, *reçoit un coup dans l'œil.* Oh !..

SCENE II.

LES MÊMES, POLLY.

POLLY, *entrant.* Eh bien ! messieurs... vous croyez-vous à la taverne ? (*Montrant la droite.*) Pendant que vos gentlemen sont là à déjeuner, vous vous amusez à vous assommer comme deux grands paresseux !

JACK. Nous n'avions pas les bras croisés.

JOHN, *sans se déranger.* C'est par l'ordre de sir Mortimer et de lord Ilverton, mon maître, qui doivent faire boxer tous leurs gens.

POLLY, *avec ironie.* C'est joli !.. n'avez-vous pas de honte de gourmer ce malheureux Jack, qui se fait maigrir dans ce moment pour les courses d'Epsom, et qui n'est pas de force ?..

JACK, *menaçant Dick.* Oh !.. quoiqu'il m'ait poché l'œil... je suis sûr...

POLLY, *sèchement.* En voilà assez... finissons.

JACK, *se frottant l'œil en murmurant.* On ne peut pas se distraire un moment !

JOHN, *à mi-voix.* Quel ton !.. pour une servante !

JACK, *élevant la voix.* Il est sûr que pour une servante...

POLLY, *les regardant.* Hein !.. qu'est-ce que c'est ? apprenez que, si je donne mes soins à la maison de sir Mortimer, c'est que je le veux bien.

JACK, *entre ses dents.* Pardine !.. moi aussi !.. si je soigne ses chevaux, c'est que je le veux bien... et qu'il y joint cinquante guinées de gages.

POLLY. Voilà la différence ; on ne me paie pas moi, messieurs, et, quand on sert sans intérêt, personne n'a le droit de vous faire rougir ! Orpheline, élevée par la sœur de votre maître, cette bonne miss Arabelle, dont je bénirai toujours la mémoire, je fus recueillie, à sa mort, par sir Mortimer, ainsi que la petite dot qu'elle m'avait laissée !.. Pour obéir aux dernières volontés de sa sœur, j'habite chez lui... je dirige sa maison... mais quoique je porte le tablier.... (*appuyant*) il ne me traite pas en servante... il est mon appui, mon tuteur... et si je lui racontais la manière dont on se permet de me traiter... monsieur Jack pourrait bien aller maigrir ailleurs pour le compte d'un autre.

JACK, *bas aux autres.* V'là qu'elle se fâche...

JOHN, *à Polly.* Excusez-le, miss Polly... Jack n'a pas eu l'intention... il est bête, voilà tout.

POLLY, *riant, à Jack.* Remerciez monsieur John qui prend votre défense, (*aux autres*) et occupez-vous du service. (*A Willams.*) Le sherry et le claret. (*A Dick*). Veillez à ce que le champagne soit bien frappé. (*A Jack.*) Vous, préparez les chevaux, ces messieurs feront un tour à Hyde-Park. (*A John.*) Quant à vous, monsieur John, vous pouvez attendre votre maître à l'office ou dans la rue, comme il vous plaira... mais ce n'est pas ici votre place !.. allez !..

JOHN, *aux autres, en sortant.* Oh ! ces airs de princesse !

CHOEUR, *riant et se moquant d'elle.*

AIR : *C'est un arrêt plein de justice.* (La Marquise de Prétintaille.)

Adieu noble et rare merveille ;
De vos grandeurs, en vérité,
J'ai bien peur qu'on ne vous réveille...
On va vous sonner pour le thé.
(*Ils sortent par le fond.*)

SCENE III.

POLLY, *seule.*

Ils se moquent de moi... ils ont raison... au fait, je ne suis que leur égale... et je m'en veux souvent d'avoir des idées d'ambition... qui me rendront bien à plaindre! mais c'est plus fort que moi, je m'indigne de rester dans l'antichambre... quand je pourrais, comme tant d'autres, passer au salon !.. (*Avec un soupir.*) Après cela, ce n'est peut-être que le désir de me rapprocher de quelqu'un qui s'y trouve... quelqu'un qui ne pense pas à moi... qui n'y pensera jamais. (*Regardant à droite.*) Il est là, à côté de sir Mortimer ; je le vois, avec son petit air triste et ennuyé..... qui lui sied si bien !.. Il est si différent de tous ceux que je vois! (*Avec humeur contre elle-même.*) Ah !.. je n'ai qu'un moyen d'éloigner ces idées ridicules.

AIR : *Je n'ai point vu ces bosquets.*

Oui, je le sens pour chasser cet amour,
Qui fait déjà le tourment de ma vie...
Et qui m'obsède et la nuit et le jour,
Vite, il faut que je me marie !
Je sais que, par ce moyen-là,
Je serai bien malheureuse et pour cause...
Tant mieux... cela m'occupera ;
Je pleurerai... cela m'empêchera
De penser à toute autre chose.

Avec cela que je ne manque pas de prétendans. (*On aperçoit Yorrick par la fenêtre à gauche.*) Justement en voilà un qui vient de passer devant la fenêtre... monsieur Yorrick... le bottier à la mode de Londres... le fournisseur de la fashion... un excellent garçon... une jolie boutique... ce n'est pas à dédaigner !..

(Yorrick est entré et s'est arrêté dans le fond.)

SCENE IV.

POLLY, YORRICK.

YORRICK, *à part.* Bon !.. la livrée n'est pas là... J'ai la livrée en horreur.

POLLY, *se retournant.* Ah ! c'est vous, monsieur Yorrick... je ne vous avais pas vu...

YORRICK, *tendrement.* Ingrate !.. je vous vois toujours, moi !... partout !... où vous êtes... où vous n'êtes pas... où vous n'avez jamais été... ni moi non plus !..

POLLY, *souriant.* Vraiment?

YORRICK. C'est-à-dire que j'en ai la tête comme une machine à vapeur... Ébullition continuelle !.. je brouille tout..... je confonds tout... Ce matin encore, j'ai porté une paire d'escarpins à un lieutenant de cuirassiers... et des bottes fortes à un maître de danse... et le plus désolant !.. c'est que je fais payer deux fois des mémoires déjà reçus... La tête n'y est plus du tout !.. du tout ! je n'y vais plus que d'instinct !

POLLY. Vous m'aimez donc bien?

YORRICK. Si je vous aime... oh ! Dieu ! j'en reste là, comme un imbécile !... je crois même que je vous ai toujours aimée.

POLLY. Vous ne me connaissez que depuis six mois.

YORRICK. C'est égal... je vous aimais avant...

POLLY. Avant?..

YORRICK. Dans la personne d'une de mes cousines...

POLLY. Ah !..

YORRICK. Oui... je le confesse, Polly... j'ai eu autrefois un faible... mais un faible très-fort... pour cette jeune parente... et pourquoi ?.. parce qu'elle me représentait l'être idéal que mon cœur avait rêvé... elle vous ressemblait. Ah !.. si ce n'est qu'elle avait les yeux bleus, le nez aquilin... et cinq pouces de plus !.. du reste, tout votre portrait !.. Elle m'a préféré un brasseur... un énorme brasseur !.. une masse... aussi quand je vous ai vue... j'ai dit :

AIR : *Robert disait à Claire.*

Seule, je vous adore !
Seule puis vous chérir,
Et ma voix vient encore
Aujourd'hui vous offrir...
Mon cœur et mes *bank-notes,*
Et si vous les vouliez,
Deux cents paires de bottes
Que je mets à vos pieds.

POLLY. C'est aller un peu vite...

YORRICK, *tendrement.* Pourquoi ?

POLLY, *avec malice et hésitant.* C'est que... par malheur, je n'ai pas eu de cousin qui vous ressemblât, moi.

YORRICK, *tristement.* C'est-à-dire que vous ne m'aimez pas...

POLLY, *avec affection.* Mais... cela viendra peut-être.

YORRICK. Tâchez que cela vienne..... dans votre intérêt !.. car vous ne pouvez pas rester plus long-temps dans cette maison... Sir Mortimer est un excellent homme !.. mais un fou !.. qui, malgré ses cinquante ans... a tous les goûts de nos dandys, qui se ruine régulièrement une fois par an. (*On entend rire à droite.*) Eh ! tenez, le voilà encore attablé avec une foule de mauvais sujets de ma connaissance, le gros Barnstaple... il ne tardera pas à être sous la table... Stewen... Peacock..... des joueurs... des libertins !..

POLLY, *timidement.* Et lord Ilverton ?.... son meilleur ami?

YORRICK. Oh ! lui, c'est différent... il est tout ça à la fois.

POLLY. Qu'est-ce que vous dites ?.. avec cet air mélancolique ?.. lui... qui a été si affligé de la mort de sa femme.

YORRICK, *avec ironie.* Oui, il avait du chagrin à son chapeau, où il portait un crêpe... mais il y avait un an qu'ils étaient séparés quand milady est morte... on dit même que c'est la mauvaise conduite de mylord qui a hâté...

POLLY, *indignée.* Par exemple... quelle horreur !.. Si vous voulez que nous soyons amis, monsieur Yorrick... ne vous avisez pas de dire du mal de lord Ilverton..... c'est l'ami de sir Mortimer... de mon protecteur... c'est un jeune homme très-estimable... et je ne souffrirai jamais...

YORRICK. Mon Dieu... ne vous emportez pas !.. je ne parle que d'après le bruit public... mais ce qui est sûr, voyez-vous, c'est que tous ces élégans... ces jeunes seigneurs... il faut s'en défier... c'est aimable ! ça fait frémir !.. Ils vous diront des choses charmantes... ils vous offriront des voitures... des hôtels... des palais... mais pas un ne vous signera comme moi, un bail authentique et à perpétuité.

POLLY, *à part.* Pour cela, je crois qu'il a raison... (*Haut.*) Eh bien! j'y penserai... j'y réfléchirai, et je vous promets une réponse.

YORRICK, *se précipitant à ses genoux.* Ah!.. c'est tout ce que je demande.

MORTIMER, *en dehors.* Jack, Dick.

POLLY, *effrayée.* On vient... Levez-vous donc... vous me perdez!

YORRICK, *se penchant tout-à-fait sur son pied.*) Du tout!.. je suis censé vous prendre mesure.

SCENE V.

POLLY, MORTIMER, YORRICK.

MORTIMER, *sa serviette à la main.* Pas un de ces drôles! (*Il aperçoit Yorrick aux pieds de Polly.*) Ah! ah!..

(Il jette sa serviette de côté.)

YORRICK, *à part.* Il m'a vu!... (*Haut en ayant l'air de compter les points sur sa mesure qu'il a tirée de sa poche.*) Neuf..... sur treize... un peu découverts, n'est-ce pas, miss?... Vous aurez cela sous deux jours!..

POLLY. Sir Mortimer...

YORRICK. Ah! pardon...

MORTIMER, *gaiement.* Restez donc..... vous êtes fort bien!.. Je ne savais pas, maître Yorrick, que vous chaussiez aussi les dames.

YORRICK, *avec intention.* Je ne les chausse pas toutes, votre grâce!.. mais quand le pied me convient... et peut me faire honneur...

POLLY, *l'interrompant.* Vous désiriez quelque chose, monsieur!.. je vais...

MORTIMER, *la regardant avec plaisir.* Non pas, ma gentille Polly.... ce n'est pas à toi à prendre cette peine... chère enfant!.. je ne sais trop ce que je demandais... Ces coquins n'ont pas plus de mémoire...

YORRICK, *souriant d'un air malin.* Si ce n'est que cela que votre seigneurie désire (*mettant la main à sa poche*), j'en ai toujours sur moi (*lui présentant un papier*), et voici!..

MORTIMER. Qu'est-ce que c'est que ça?..

YORRICK. Votre mémoire de l'année passée.

MORTIMER. Mais j'ai déjà vu ça.... mon cher...

YORRICK. Oui!.. mais je n'en ai rien reçu.

MORTIMER. Dam!... si vous n'avez pas d'ordre..... ce n'est pas ma faute..... Moi, voyez-vous, c'est réglé comme un papier de musique.... quand on ne se trouve pas là, les jours de paiement, je ne sais plus quand ça vient.... (*A part.*) Si toutefois ça vient.

YORRICK. Cependant comme (*regardant Polly*) j'ai des projets d'établissement.... très-prochain.

MORTIMER. Ah! vous allez vous marier?... c'est très-bien, cela... Peste!.... mistriss Yorrick ne sera pas malheureuse!

YORRICK, *flatté et regardant Polly d'un air modeste.* Je le crois...

MORTIMER. Comment diable!.. Si je la connaissais... je lui conseillerais de ne pas hésiter... un artiste de premier ordre, un homme indispensable... dans le gouvernement.

YORRICK. Le fait est que sans moi le ministère ne marcherait pas.

POLLY. C'est vous qui le chaussez?

YORRICK. Semelles de liége, et double couture.

MORTIMER. Voyez-vous ça!

YORRICK. Je chausse même des têtes couronnées... Je viens d'envoyer au sultan Mahmoud des bottes à l'écuyère, qui avanceront furieusement la civilisation en Orient!

MORTIMER, *avec enthousiasme.* Ah!... on ne lui paiera jamais tout ce qu'on lui doit...

YORRICK. J'en ai peur... (*Montrant son mémoire.*) Si votre grâce voulait me donner un à-compte... sur ce qu'on me doit!

MORTIMER. Impossible, cher ami!...... J'ai pris une nouvelle mesure pour ce genre de paperasses.... j'en reçois tant!

AIR : *Vaudeville de Partie et Revanche.*

Mesure générale, unique!...
Chaque créancier est classé,
Payé par ordre alphabétique...
Et je n'en suis encor qu'au *C.*

YORRICK.

Bon! me voila bien avancé,
Yorrick! mon y grec me dérange;
Ne pourriez-vous, comme je suis pressé,
M'avoir une lettre de change
Et me remettre à l'*A, B, C*?

MORTIMER. Oh! mon cher... tout l'alphabet se révolterait.... Mariez-vous toujours... je signerai votre contrat... je vous le promets... (*Voyant Jack entrer du fond avec des bouteilles, et se dirigeant à droite.*) Ah! je me rappelle... c'est du champagne que j'avais demandé.... pardon, vous concevez... un déjeuner de garçons!.. mes amis qui m'attendent... au revoir... (*A Polly.*) Polly!... n'oubliez pas le thé.

(Il suit Jack et rentre à droite; bruit de joie en dehors.)

SCENE VI.

POLLY, YORRICK

YORRK. Ah! ah! le champagne qui fait son effet. (*Triomphant.*) Quel bonheur qu'il n'ait pas pu me payer!

POLLY. Pourquoi donc?

YORRICK. Je n'aurais plus eu de prétexte pour revenir vous voir...

POLLY, *à part, touchée.* Pauvre Yorrick! m'aime-t-il!...

YORRICK. Et puis, il a promis de signer mon contrat, il vous a fait mon éloge..... mais, c'est moi qui lui aurais payé chacune de ses paroles au poids de l'or.

POLLY, *à part.* Oh! c'est fini..... je suis presque décidée.

YORRICK. Je pars... mais cette réponse... dont vous m'avez flatté?...

POLLY. Vous l'aurez..... aujourd'hui même.

YORRICK, *enchanté.* Aujourd'hui?

AIR : *Ici nous accourons* (de l'Homœopathie).

Je pars rempli d'espoir,
Mais, dans cette heureuse demeure,
Je reviendrai savoir
Mon destin à chaque quart d'heure.

POLLY.

Allons, calmez-vous.

YORRICK.

Mon cœur
Bat de joie et de frayeur.

POLLY.

Surtout, soyez bien discret.

YORRICK.

Par état, je suis muet.
(*D'un air fin et lui baisant la main.*)
On sait bien, oui-dà,
Qu'il faut se taire avec les femmes,
Surtout lorsqu'on a
Le bonheur de chausser les dames.

ENSEMBLE.

YORRICK.

Je pars rempli d'espoir.

POLLY.

Partez... et bon espoir.
Mais au moins, dans cette demeure,
Ne revenez savoir
Votre destin que dans une heure.

(*Il sort.*)

SCENE VII.

POLLY, *seule.*

Mistriss Yorrick!.. ça n'est pas brillant, mais c'est honorable!... Je ne suis pas folle de lui... mais je l'estime... je n'ai pas de haine..... c'est tout ce qu'il faut pour entrer en ménage; et puis, il m'aime réellement, lui... tandis que l'autre!... (*avec un soupir*) l'autre... (*L'apercevant.*) Ah! le voilà... je devrais m'en aller, mais je ne peux pas.

(On entend des éclats de rire à droite.)

SCENE VIII.

LORD ILVERTON, POLLY.

ILVERTON, *sortant de la droite et avec humeur.* Que le ciel les confonde!..... je ne connais rien de plus ennuyeux que des gens qui rient et qui s'amusent.

(Il se jette sur le canapé.)

AIR *du Démon de la nuit.*

POLLY, *à part.*

Qui peut donc causer sa tristesse?

ILVERTON, *à lui-même.*

De la fortune, des amis,
Un nom brillant, de la jeunesse,
Et se voir consumé d'ennuis!
Toute espérance m'est ravie!
Nul plaisir ne peut m'enivrer,
Car n'avoir rien à désirer,
Ah! c'est le malheur de la vie.

POLLY, *à part.* Comment! ce n'est que cela...

ILVERTON, *à lui-même.* On n'a pas même la ressource d'en finir..... c'est d'un commun à présent!.. Qui est-ce qui ne se tue pas ; tout le monde s'en mêle!

POLLY, *effrayée.* Oh! quelle idée!...

(Elle se rapproche un peu.)

ILVERTON, *à lui-même.* Je ne sais pourquoi je viens si souvent chez ce fou de Mortimer... on n'y rencontre rien. (*Il lève le nez et aperçoit Polly près de lui.*) Ah! si! il y a ce petit minois-là... qui est gentil!.. ça distrait.

POLLY, *embarrassée de sa contenance.* Vous avez appelé, mylord?

ILVERTON. Moi! non... mais c'est égal, vous avez bien fait de venir, Polly!... j'ai toujours... grand plaisir à vous voir!

POLLY. Est-ce que vous êtes fâché contre moi, mylord?

ILVERTON. Je ne crois pas... pourquoi?

POLLY. Comme vous aviez voulu m'embrasser avant-hier..... et que... depuis ce temps, vous ne me tutoyez plus...

ILVERTON. Je t'ai embrassée?

POLLY. Du tout... je n'ai pas voulu.

ILVERTON, *la regardant.* C'est vrai, j'oubliais que tu as la prétention d'être respectée... d'être une vertu!...

POLLY. Il me semble que c'est mon devoir!

ILVERTON, *se levant.* C'est possible!..... mais c'est diablement ennuyeux! (*Lui prenant la main et se rapprochant d'elle.*) Je te parle en ami, vois-tu!

POLLY. J'en suis persuadée.

ILVERTON. Et je me disais encore ce matin, en songeant à toi....

POLLY, *avec joie.* Vous pensiez à moi?...

ILVERTON, *continuant.* Jeune et jolie comme elle est... à quoi la conduiront toutes ces belles idées de fierté... de réserve?..... à mener l'existence la plus assommante.

POLLY. Si c'est mon sort!..

ILVERTON. Quand tu pourrais t'en faire un autre... quand il te serait si facile... en adoucissant un peu cette humeur farouche...

POLLY, *à part.* Ah! voilà le danger dont me parlait Yorrick... je le vois venir...

ILVERTON, *avec intention en l'attirant à lui.* Je connais quelqu'un qui te veut du bien...

POLLY, *à part.* C'est toujours comme cela que ça commence.

ILVERTON, *continuant.* Quelqu'un, qui serait heureux de te consacrer une existence que tu lui ferais chérir..... qui mettrait son bonheur à embellir la tienne... à l'entourer de ce prestige que donne la fortune... à t'assurer enfin un sort digne de toi.

POLLY, *le regardant, et finement.* Oui... mais tout cela me coûterait peut-être bien cher!

ILVERTON. Du tout!... Est-ce donc si terrible... de se laisser adorer?

POLLY, *souriant.* Non!... c'est assez facile.

ILVERTON. D'aimer un peu celui à qui l'on doit son bonheur?

POLLY. Ah! c'est là l'embarrassant.

ILVERTON. Tu es donc bien ingrate?

POLLY, *tendrement.* Au contraire! j'aurais peur de l'aimer beaucoup trop.... de l'aimer long-temps après qu'il ne songerait plus à moi... et le meilleur moyen d'éviter le danger... c'est de le fuir. (*Lui faisant une petite révérence.*) Votre servante, milord!

ILVERTON. Tu me quittes?

POLLY. Oui...

ILVERTON. Tu m'as donc compris?

POLLY. Puisque je me sauve!

ILVERTON. Un moment...

POLLY, *sérieusement.* Pardon, mylord!.. j'ai plus d'un devoir à remplir... et je veux tâcher de n'en oublier aucun. (*A part.*) Oh! il n'y a plus à hésiter... courons vite prévenir Yorrick.

(Elle se sauve par le fond.)

ILVERTON, *seul.* Et de l'esprit!.. Dieu me damne... elle est charmante!.. jusqu'à cette petite nuance de pruderie... qui lui donne un air piquant. Oh! si on le voulait bien... (*Retombant sur le canapé.*) Mais il faudrait se donner de la peine... faire l'aimable... ma foi, non!... Elle est jolie cependant!

SCENE IX.

ILVERTON, *sur le canapé*, MORTIMER, *entrant par la droite.*

MORTIMER. Allez toujours... je vais préparer les tables de jeu... (*Apercevant Ilverton.*) Eh bien! qu'est-ce que tu fais là, toi, farouche Mohican?... c'est pour t'étourdir que je donne ce déjeuner... et tu nous fausses compagnie.. Je parie que tu penses encore à ta femme...

ILVERTON, *sortant de sa rêverie.* A ma femme... oui, c'est un souvenir?

MORTIMER. Que diable! mon cher, il faut être raisonnable... tu as été marié... c'est un malheur... tu as perdu ta femme, c'en est un plus grand!.. mais tu as des motifs de consolation... Ta femme t'adorait... j'en conviens...

ILVERTON. La seule qui m'ait jamais aimé... et si bonne, si douce, si résignée à toutes nos folies!

MORTIMER. Oui, mais qui te fatiguait de sa tendresse.. parlait morale, fidélité... enfin, une femme comme les craignait ce pauvre Byron... de ces femmes... qui sont très-estimables... et très-insupportables.

ILVERTON. Ah! Mortimer, n'en parle pas ainsi... si je ne lui ai pas rendu justice quand elle vivait, ce n'est pas une raison pour calomnier sa mémoire!.. Pauvre et malheureuse Ida... quand je pense à la manière dont je l'ai traitée!

MORTIMER. Eh bien! quoi?... tu l'as envoyée dans ton vieux château d'Irlande, pour être plus libre..... c'était très-convenable... avec une pension superbe... c'était très-noble!

ILVERTON. Oui, mais j'avais promis d'aller la rejoindre... de ne plus la quitter.... et au bout de six mois d'attente... la douleur, le chagrin de ne plus me voir...

MORTIMER. De ne plus voir son mari... Allons, tu y mets de la complaisance.

ILVERTON. Non, je te jure... c'est ce qu'Anderson..... ce valet de confiance qui l'accompagnait... m'a écrit à l'époque fatale... et j'ai beau faire, vois-tu!.. c'est un remords éternel qui pèse là... Pour tenter de le chasser, j'ai suivi vos conseils... je me suis jeté dans le tourbillon des plaisirs... j'ai essayé de tous les genres d'extravagance... voyages, festins, folles maîtresses... j'espérais y trouver l'oubli de mes maux... je n'y ai rencontré qu'ennui, satiété et dégoût.

MORTIMER. Parce que tu t'es découragé...

ILVERTON. Non!.. pour me sortir de là... il me faudrait quelque coup de tête qui ne ressemblât à rien... quelque chose d'impossible... de bien absurde!..

MORTIMER. Eh bien!.. nous sommes en fonds pour cela... je n'ai jamais reculé!.. mais toi!.. par exemple... pourquoi rompre un beau matin avec toutes les femmes?

ILVERTON. Oh! les femmes...

MORTIMER. Je sais bien ce que tu vas me dire... les femmes!.. mon Dieu!.. c'est comme le punch... il m'a joué des tours indignes... mais quand j'en vois... je ne puis m'empêcher... (*Il aperçoit Jack qui passe avec des verres sur un plateau.*) En veux-tu un verre?..

ILVERTON, *le prenant nonchalamment.* C'est bien la boisson la plus fade...

MORTIMER, *en prenant aussi.* C'est comme moi... je n'en suis pas fou!.. mais j'en boirais toute la journée. (*Il avale.*) Il n'est pas mauvais. (*A Jack.*) Pose là ton plateau... Quand on a des chagrins il faut humecter la douleur. (*Jack sort.*) Comme je te disais, les femmes... au bout du compte, on n'a encore rien inventé de mieux.

ILVERTON, *posant son verre sur une table.* Je ne dis pas... Mon Dieu! malgré moi, je sens qu'elles conservent encore un empire...

MORTIMER. Qu'il ne faut pas chercher à leur disputer... et tiens... avec tes belles résolutions... tu y as perdu hier une visite charmante...

ILVERTON. Bah!

MORTIMER. Une jeune femme qui se présentait à ton hôtel... comme je t'attendais dans ton salon... Je n'ai pas pu distinguer ses traits... elle portait un voile... mais j'ai vu ton concierge la renvoyer en lui disant: « Il n'y a personne, madame... » milord est parti pour le continent. »

ILVERTON. Une consigne générale que j'ai donnée pour échapper à toutes ces anciennes relations.

MORTIMER. C'est dommage... une tournure délicieuse... une démarche décente... un petit air affligé... J'avais presque envie de la suivre...

ILVERTON. Vieux fat!.... à cinquante ans!

MORTIMER. Qu'est-ce que ça fait?

AIR: *Que je plains ces docteurs* (de Beauplan).

Je sais que l'âge vient, que la vieillesse arrive,
Eh! que font, après tout, des cheveux gris ou blancs,
Si la gaîté me suit, si l'amour me ravive
Et si mon cœur qui bat dit qu'il n'a que vingt ans?
Oui tout passe
Et s'efface,
L'heureux temps
Du printemps
Glisse et vole
Comme Éole;
Nos beaux jours
Sont si courts!
Il faut faire
Bonne guerre
Aux ennuis,
Aux soucis,
Pour bien vivre,
Il faut suivre,
Et saisir le plaisir.

ILVERTON. Tu seras donc toujours le même?

MORTIMER. Je l'espère bien!

2me Couplet.

A quoi bon tes trésors, tu vieillis avant l'âge,
Moi, je suis toujours jeune et n'ai jamais le sou.
Malgré tes millions, toujours triste et sauvage;
Je dois au monde entier et je ris comme un fou,
Car tout passe
Et s'efface, etc.

ILVERTON, *assis sur le canapé.* Ah çà! d'où te vient donc ce redoublement de gaîté?

MORTIMER, *riant.* Ah! c'est que mon butor d'intendant vient de m'apprendre que je n'avais plus rien.

ILVERTON. Comment?

MORTIMER, *riant plus fort.* Ruiné de fond en comble, mon cher! (*Prenant un verre de punch.*) Encore un verre?.. (Il boit.)

ILVERTON. Ruiné?..

MORTIMER. Oh! j'y suis fait... c'est la dixième fois que ça m'arrive.

ILVERTON. Mais, par quel événement?

MORTIMER. Je n'en sais rien... J'avais une demi-douzaine de tantes à succession... que j'avais échelonnées!.. il paraît qu'elles y ont toutes passé.

ILVERTON, *riant et se levant.* Et tu vas commencer les oncles?..

MORTIMER. J'en serais assez d'avis!.... mais ils se portent mieux que moi.

ILVERTON, *vivement.* Tu sais que ma fortune est la tienne... veux-tu que je te prête?

MORTIMER. Non!... merci... je n'aime pas à devoir à mes amis... Mes créanciers... c'est bien différent, ils attendent... ils sont faits pour cela... ils ont la grande habitude!.. je n'en suis fâché que pour ma pupille... ma jolie petite Polly.

ILVERTON, *plus attentif.* Tu lui dois quelque chose?

MORTIMER. Parbleu... sa dot!.... deux mille guinées .. que ma sœur lui avait laissées... Je ne sais comment ça s'est trouvé englobé dans mes affaires...

ILVERTON. Pauvre enfant!..

MORTIMER. Pour la dédommager, j'avais bien pensé à l'épouser...

ILVERTON, *un peu ému.* Toi!.. par exemple!.. cette idée!

MORTIMER. Dam !.. quand on ne peut plus payer que de sa personne!... et puis elle est gentille !

ILVERTON, *s'échauffant.* A la bonne heure... mais une petite fille...

MORTIMER. N'est-elle pas née de parens honnêtes? et puis, nous autres Anglais... nous n'avons pas de préjugés..... Est-ce que les pairs du royaume n'épousent pas des danseuses... des... mais ce qui m'a arrêté... c'est que je lui suis vraiment attaché, à cette chère enfant. Je me suis dit: la marier à un mauvais sujet... ma foi, autant qu'elle reste fille!..

ILVERTON. Sans doute... sans doute! ce serait une folie!.. et je ne souffrirais pas... (*Changeant de ton.*) Ecoute... elle m'intéresse aussi, cette petite...

MORTIMER, *le regardant.* Ah !..

ILVERTON. Et puisque tu ne peux plus rien pour sa fortune..... cède-moi tes droits...

MORTIMER. Comment?

ILVERTON, *vivement* Tes droits de protecteur... de guide... je ne l'entends pas autrement... le droit de veiller sur elle... de lui assurer un sort.

MORTIMER, *le menaçant du doigt.* Hum!.. coquin... je te vois venir... J'ai remarqué que tu la regardais souvent...

ILVERTON. Non !.. je suis si triste !.. je te jure que je n'ai que les intentions les plus louables...

MORTIMER. Je ne m'y fie pas...

ILVERTON. Que crains-tu... puisque c'est la vertu même?

MORTIMER. Hum !.. la vertu a quelquefois des distractions... d'ailleurs, je n'ai pas renoncé à mes prétentions...

ILVERTON, *avec humeur.* Allons donc... tu n'es pas un véritable ami... parce que tu vois que cette idée me plaît, m'égaie...

MORTIMER. Oui... oui... mais je ne puis abuser de mon pouvoir pour l'engager...

ILVERTON, *s'échauffant.* Alors... tu es un égoïste... un tyran !.. priver cette petite d'une fortune... d'un avenir!

MORTIMER. Ta, ta, ta, ta..... Il va me faire une querelle. Tais-toi... voici nos convives...

SCENE X.

LES MÊMES, PLUSIEURS AMIS, *et* JACK *apportant un plateau de punch et des cigares.*

CHOEUR.

AIR : *Peut-on changer ainsi* (la Marquise de Prétintaille).

Ami fidèle,
Ici
Quand le plaisir m'appelle,
Je réponds : me voici !
Et j'accours près de lui.

MORTIMER, *leur montrant le plateau.*

Du punch et des cigares
N'en soyez point avares !...

TOUS, *buvant et allumant des cigares.*

Quel délice enchanteur !...

ILVERTON, *haussant les épaules.*

Ils appellent ça du bonheur !...

TOUS.

Ami fidèle,
Ici
Quand le plaisir m'appelle,
Je réponds : me voici !
Et j'accours près de lui...

PREMIER AMI. Eh bien ! est-ce qu'on ne fait pas un écarté?

MORTIMER, *préparant des cartes.* Si fait!.. voilà l'autel... en attendant les victimes.

TOUS. Délicieux, le punch !..

DEUXIÈME AMI, *allumant un cigare.* Voyons tes cigares...

(Ils se mettent à fumer.)

ILVERTON, *à part.* Ils vont m'empester à présent... que les gens comme il faut ont mauvais ton!..

PREMIER AMI. Et la promenade à Hyde-Parck ?...

MORTIMER. Tout-à-l'heure... on prépare les chevaux... qui est-ce qui me tient tête? Ilverton!...

ILVERTON, *qui est retourné sur le canapé.* Ah ! laisse-moi... (*Quelques amis lui font signe d'accepter.*)

MORTIMER. Viens donc... tu ne refuseras pas de perdre quelques guinées... j'ai la main heureuse...

ILVERTON, *s'asseyant à la table.* Je ne connais rien de bête comme le jeu !...

MORTIMER. A qui le dis-tu?

ILVERTON. Ça n'est supportable que quand on risque beaucoup.

TOUS, *au fond.* Oui... il faut jouer gros jeu... nous en sommes !..

MORTIMER, *avalant encore un verre de punch.* Parbleu!.. ce que tu voudras... le punch m'a mis en train...

ILVERTON, *mettant la main à sa poche.* Cent guinées...

MORTIMER, *de même.* Va! (*S'arrêtant.*) Ah! ah!.. c'est singulier... je m'aperçois que je n'ai pas sur moi... je sais d'où cela vient... c'est égal... je tiens !

ILVERTON. Ah !.. je ne joue pas sur parole...

MORTIMER. Pourquoi donc?

ILVERTON. C'est une idée.

MORTIMER. Alors, prête-moi...

ILVERTON. Du tout !... ça porte malheur...

MORTIMER. Par exemple... ce caprice!..

pour m'empêcher de jouer... parce que je me sens en veine! parce que je suis sûr de gagner!

ILVERTON, *gaîment et à demi-voix*. Eh bien!.. puisque tu en es sûr... il y a un moyen... Nous cherchions une bonne folie.. cette petite Polly.. dont le sort t'inquiète.. je te joue ton titre de tuteur.

MORTIMER. Comment!

ILVERTON. Le droit de la protéger... d'être son appui.

MORTIMER. Et de chercher à lui plaire?

ILVERTON. Peut-être!

MORTIMER. Tu y reviens encore?

ILVERTON. C'est une idée fixe maintenant: si je gagne, tu me laisseras le champ libre!.. sans venir te jeter à la traverse, avec ton pouvoir de mentor.

MORTIMER, *se levant à moitié*. Allons donc!.. quelle extravagance!

ILVERTON. Quand ce ne serait que pour nous distraire!

MORTIMER. Jouer une femme!... fi donc! la dignité anglaise!

ILVERTON. C'est moins stupide que de la conduire au marché, la corde au cou.

MORTIMER, *à lui-même*. Au fait.... c'est plus moral.

ILVERTON. Eh bien!

MORTIMER, *à part*. Ma foi, qu'est-ce que je risque?.. ce diable de punch m'enflamme!.. Si je pouvais lui regagner sa dot, à cette pauvre petite!

ILVERTON. Eh bien!

MORTIMER, *à demi-voix*. Le droit de lui faire la cour... rien de plus... et en galant homme?...

ILVERTON. C'est convenu.

MORTIMER, *se rasseyant et prenant les cartes*. Tope!... elle est au jeu.

ILVERTON, *gaîment*. A merveille!..

TOUS, *éloignés de la table*. Est-ce prêt?..

MORTIMER. Oui! oui! (*Bas à Ilverton.*) Qu'est-ce que tu mets?

(Ils tirent à qui fera.)

ILVERTON, *bas, battant les cartes*. Quatre mille guinées!

MORTIMER. Peste!.. tu es plus amoureux que tu ne crois.

ILVERTON, *avec feu, voyant Polly qui entre*. Je donnerais dix fois davantage!.. regarde plutôt.

(Polly avec un valet qui porte le thé préparé sur un plateau.)

SCENE XI.

LES MÊMES, POLLY.

MORTIMER, *la regardant*. C'est, ma foi, vrai!.. ce sourire, ces yeux! (*Bas à Ilverton.*) Mon ami, tu as raison, ce n'est pas assez.

ILVERTON, *impatienté*. Ah!

MORTIMER. Il faut être juste... en conscience, c'est pour rien.

ILVERTON, *bas*. Eh bien!... cinq mille... six mille!

MORTIMER, *décidé*. Soit!

ILVERTON. Coupe!

TOUS, *entourant Polly*. Ah!... la petite Polly!

POLLY, *tenant une tasse de thé*. Finissez donc!.. vous allez me faire tout renverser!

MORTIMER, *jouant*. Un moment, messieurs... Polly ne s'appartient pas... (*Il joue.*) Le roi!

ILVERTON, *avec humeur*. Certainement... et puis ça nous trouble!

MORTIMER, *bas*. Tu fais déjà le jaloux... c'est trop tôt. (*Il joue.*) Trèfle!

POLLY, *offrant du thé*. Du thé, messieurs?

TOUS. Volontiers!

POLLY. Encore leur vilain jeu! (*A part, avec un petit soupir, en regardant Ilverton.*) Ah!... c'est fini maintenant, il n'y a plus de danger pour moi!.. J'ai vu Yorrick... je lui ai donné ma parole, et dans quelques heures... (*A Ilverton.*) Vous en offrirai-je, mylord?

ILVERTON, *jouant*. Si vous avez cette complaisance... (*Jouant.*) Atout!

POLLY. Pas trop sucré... n'est-ce pas?

(Elle va préparer les tasses.)

MORTIMER, *à Ilverton*. Elle connaît ton goût?.. diable!

TOUS, *lutinant Polly*. Présenté par une aussi jolie main...

MORTIMER, *marquant*. Trois points...

ILVERTON, *avec humeur, regardant Polly*. Ce n'est pas étonnant... avec un pareil bruit!.. Polly... (*à Mortimer*) dis-lui donc de venir par ici...

MORTIMER. Pour t'inspirer?.. c'est juste!.. Il faut voir ce qu'on joue... (*A Polly.*) Polly, demeurez là... que nous jouissions un peu de votre société...

PREMIER AMI, *s'approchant du jeu*. Ah çà!.. peut-on parier?

ILVERTON, *donnant*. Oui... mais pas de conseils!

PREMIER AMI. Qu'est-ce que ça signifie?.. rien sur table!

(Quelques amis s'approchent de la table.)

POLLY. C'est drôle!.. qu'est-ce qu'ils jouent donc?

MORTIMER. Nous jouons très-cher.

POLLY. Sur parole?..

ILVERTON. Oui.... (*Retournant la carte.*) Le roi!

PREMIER AMI, *à Ilverton.* Ton nouveau cheval de chasse?..

ILVERTON. Fi donc!

MORTIMER, *d'un air goguenard.* Quelque chose de plus farouche, peut-être!

ILVERTON. C'est ce que nous verrons...

POLLY. Qu'est-ce que ça peut être?

ILVERTON, *achevant la levée.* La vole!.. trois points...

(Il marque.)

TOUS. Egalité!

POLLY. Ça devient intéressant... (*Montrant Ilverton.*) J'ai idée que mylord gagnera.

MORTIMER, *donnant très-vite.* Voyez-vous l'instinct!..

TOUS, *entourant la table.* Attention!

UN AMI. Je parie pour mylord.

DEUXIÈME AMI. Moi contre... cent guinées!

TOUS. Ah! ah!

MORTIMER. Silence!

ILVERTON, *annonçant.* Le roi!

MORTIMER, *à Polly.* Polly!... passez donc de mon côté... vous lui portez bonheur.

TOUS, *riant.* Ah!... ah!... ah!... il a peur!

MORTIMER. Du tout!.. la preuve... c'est que je propose...

ILVERTON. Je ne peux pas.

TOUS. Ah!

MORTIMER. C'est ce que je voulais... il est perdu!.. je suis sûr du coup... tenez... (*Jouant.*) Là... là... là!..

ILVERTON. Je coupe...atout!.. et atout! (*Avec joie.*) J'ai gagné.

MORTIMER. Morbleu!

TOUS. Victoire!

(Ilverton se lève.)

POLLY, *avec une gaîté ingénue.* Là!.. je le disais bien que ce serait mylord!

MORTIMER, *à part, en se levant.* Pauvre petite!.. dire que c'est un coquin de valet de pique qui me l'enlève!

ILVERTON, *regardant Polly.* J'ai gagné!

TOUS. Mais quoi?

POLLY, *riant.* Oui, au fait!

ILVERTON, *souriant.* Ça nous regarde.

MORTIMER, *se levant, et à lui-même.* Du reste... je suis tranquille, c'est la sagesse même!.. Le pauvre garçon!.. c'est comme s'il n'avait rien gagné.

ILVERTON, *à Mortimer.* Eh bien! mon cher?

MORTIMER, *gaîment.* Allons!.. il faut s'exécuter de bonne grâce!

TOUS, *les entourant.* Il va le payer...

MORTIMER, *à Ilverton.* Ce qui est dit est dit... (*Lui tendant la main.*) Es-tu content?

ILVERTON, *la lui serrant.* Parfaitement... nous sommes quittes.

TOUS, *étonnés.* Eh bien!.. qu'est-ce que cela signifie?

MORTIMER, *soupirant.* Ça me coûte beaucoup!

POLLY, *souriant.* Qu'est-ce que ça lui coûte?.. il n'a rien donné... Singulière manière de payer ses dettes!

SCENE XII.

LES MÊMES, JOHN, JACK, WILLIAMS, DICK, *et* AUTRES GROOMS, *avec les fouets et les cravaches qu'ils présentent à leurs maîtres.*

JOHN. Les chevaux, mylords!

MORTIMER. Allons, messieurs..... une course au clocher pour chasser les regrets!

FINAL.

AIR : *Il faut qu'il soit puni.*

ENSEMBLE.

ILVERTON *et* MORTIMER.

Le mystère est pour eux
mieux,
Ils n'y comprennent rien
rien!
Mais observons-nous bien
bien!
Ils sont tous contre nous
tous.

POLLY *et* LE CHOEUR.

C'est un secret entre eux
deux,
Moi, je n'y comprends rien
rien,
Mais nous le saurons bien
bien,
Nous le saurons de vous
tous.

MORTIMER.

Partons!

ILVERTON, *regardant Polly.*

Mais moi, je vais rester!

MORTIMER, *à ses amis.*

Ne le permettez pas!

CHOEUR, *entourant Ilverton.*

Tu ne peux nous quitter.

ILVERTON.

Pourquoi donc?

MORTIMER.

Tu viendras!

ILVERTON.

Je suis un peu malade.

CHOEUR.

N'importe!

ILVERTON.

Cependant...

MORTIMER.

Pour ton mal, cher ami,
Il te faut le grand air... un peu de promenade...

ILVERTON, *le regardant en souriant.*

Ah! le tour est sanglant!

CHOEUR.

Allons, viens!

ILVERTON.

Me voici!

(*A part.*)
Mais en secret... si je pouvais me rendre...
(*Bas à Polly.*)
Je vais revenir sur mes pas.

POLLY.

Comment, mylord?...

ILVERTON, *bas.*

Parlons plus bas!
Ici dans un instant, ma chère, il faut m'attendre.

POLLY, *bas.*

Et pourquoi donc?

ILVERTON, *bas.*

Tu le sauras...

POLLY, *bas.*

Mais enfin!...

ILVERTON, *bas.*

Pas un mot! (*Haut.*) Allons! je suis vos pas.

ENSEMBLE.

POLLY et LE CHOEUR.

C'est un secret entre eux
deux,
Moi, je n'y comprends rien
rien,
Mais nous le saurons bien
bien,
Nous le saurons de vous
tous.

MORTIMER et ILVERTON.

Le mystère est pour eux
mieux,
Ils n'y comprennent rien
rien,
Mais observons-nous bien
bien,
Ils sont tous contre nous
tous.

CHOEUR GÉNÉRAL.

Allons / Allez } hardi coureur!
Partons / Partez } au champ d'honneur,
Je serai / Vous serez } le vainqueur,
Et déjà de bonheur,
Je sens / Il sent } battre { mon / son } cœur.

(*Ils entraînent Ilverton par le fond, en riant aux éclats; les valets les suivent, Polly rentre de côté.*)

FIN DU PREMIER ACTE.

ACTE DEUXIÈME.

Même décoration qu'au premier acte.

SCENE PREMIERE.

JACK, DEUX VALETS.

JACK, *à deux autres valets qui rangent tout.* Ils ne sont pas revenus!.. il paraît qu'ils s'en donnent... toujours au grand galop... ils vont me ramener mon pauvre Wellington dans un état!..

(Une femme voilée paraît au fond et semble hésiter à entrer; sa mise est très simple.)

SCENE II.

JACK, LA FEMME VOILÉE, DEUX VALETS.

JACK, *l'apercevant.* Qu'est-ce que c'est?.. comment le concierge laisse-t-il monter des étrangers?

LA FEMME VOILÉE, *d'une voix timide.* Pardon, monsieur... sir Mortimer?..

JACK. C'est ici, madame... mais il n'y est pas.

LA FEMME VOILÉE, *à part.* Oh! mon Dieu! encore une démarche inutile! (*Haut.*) Est-ce qu'il est parti aussi pour le continent?

JACK. Du tout!.. il est à Londres.

LA FEMME VOILÉE. Ne puis-je l'attendre?

JACK. Oh! il ne rentrera peut-être pas de la journée... Si vous avez quelque chose d'important à lui dire...

LA FEMME VOILÉE. Oh! oui... quelque chose de très-important.

JACK, *la regardant en dessous.* Alors, je vous conseille de lui écrire... c'est plus sûr.

LA FEMME VOILÉE, *tristement.* Lui écrire? soit! (*A elle-même.*) Puisqu'il n'y a pas d'autre moyen!.. je ne saurais rester plus long-temps à la charge de ce pauvre homme qui m'a recueillie... (*Faisant un salut de tête à Jack.*) Adieu, monsieur.

(Elle sort.)

JACK, *la saluant avec ironie.* Madame... (*Regardant les autres en riant.*) En voilà-t-il une mystérieuse... encore une aventure!.. ces grands seigneurs sont-ils heureux!.. quand donc me viendra-t-il une petite femme voilée... qui me dira tendrement...

SCENE III.

POLLY, JACK.

(Polly est mieux habillée qu'au premier acte, coiffée en cheveux, robe blanche, etc.)

POLLY. Eh bien! Jack... allez donc à vos chevaux.

JACK, *à part*. Comme ça désenchante!.. (*Haut.*) Pardon, miss... nous étions à ranger...

POLLY. Et rien n'est en ordre... depuis une heure!.. (*Montrant les verres et les plateaux.*) Enlevez tout cela... dépêchons..

JACK, *à part*. Oh! quand je pourrai t'humilier, toi!.. attends!.. attends!..

(Il emporte tout et sort avec les deux autres valets.)

POLLY, *seule et rarrangeant sa coiffure*. Là! ma plus belle robe, pour ce pauvre Yorrick.. c'est bien le moins!..... je parie qu'il se donne un mal... pour tout préparer. (*Avec un soupir.*) Eh bien! c'est drôle... tout en m'habillant pour lui, je pensais à un autre.

AIR *de J. Doche.*

Sans y songer, avec coquetterie
Je me parais, j'y mettais plus de soin;
Oui, je tâchais de paraître jolie...
Mais pour Yorrick en ai-je donc besoin!...
S'il faut être sincère,
Ce n'était pas pour lui
Que je cherchais à plaire...
C'est presque mon mari!

SCENE IV.

POLLY, LORD ILVERTON *entrant par le fond.*

POLLY, *à elle même.*

Je suis sa fiancée...
Je le chérirai... mais
Encore une pensée
A celui que j'aimais!...

DEUXIÈME COUPLET.

ILVERTON, *au fond et à part.*

Que de fraîcheur! quelle grâce nouvelle!
A sa parure, oui vraiment, on dirait
Que son instinct, en se faisant plus belle,
A deviné qu'elle m'appartenait.

POLLY, *écoutant avec trouble.*

Mais mon cœur bat plus vite,
Oui, quelqu'un vient ici...
(*La main sur son cœur.*)
Au trouble qui m'agite,
Ce n'est point ma mari!
(*Elle se retourne et aperçoit Ilverton.*)
Ah!
(*A elle-même.*)
Yorrick, ta fiancée
Sera fidèle... mais
Encore une pensée
A celui que j'aimais!..

POLLY, *haut*. Quoi! mylord, vous avez déjà quitté ces messieurs?

ILVERTON. Oui, grâce à la vitesse de mon cheval... ce n'est pas sans peine... ce maudit Mortimer était sur mes talons.... malgré nos conventions... (*riant*) c'est un mauvais joueur, qui n'aime pas à payer.

POLLY. Ah! c'était donc relatif à cette partie?

ILVERTON. Oui, sans doute.

POLLY. Je ne suis pas curieuse... mais je donnerais quelque chose pour savoir ce que mylord a gagné.

ILVERTON. Si tu y tiens beaucoup, je puis te le dire.

POLLY. Vrai?

ILVERTON. Je ne reviens même que pour cela...

POLLY. Ah! que c'est aimable!.. eh bien?

ILVERTON. Tu ne devines pas?

POLLY. Mon Dieu! non... je ne devine jamais, moi... (*Cherchant.*) De l'argent?

ILVERTON. Fi!..

POLLY. Une voiture?.. une maison?

ILVERTON. Non!.. mais ce qui l'embellit...

POLLY. Ce qui l'embellit?..

ILVERTON, *à mi-voix*. Une femme...

POLLY, *indignée*. Une femme!... oh!... quelle horreur!... jouer une femme... la rabaisser au rang d'une guinée!

ILVERTON. Je n'ai pas dit ce que nous l'estimions... et à mes yeux elle est sans prix!... D'ailleurs nous n'avons joué que le droit de chercher à lui plaire... ainsi sa dignité de femme...

POLLY, *souriant*. Peut annuler la partie.

ILVERTON. Mais elle ne le fera pas... n'est-ce pas, ma gentille Polly? surtout si tu lui parles pour moi. .

POLLY, *avec émotion*. Comment! je la connais?

ILVERTON. Beaucoup! et puisqu'il faut te le dire... c'est toi-même.

POLLY, *troublée*. Moi, mylord?

ILVERTON, *vivement*. Oui, toi!... pour qui j'aurais risqué ma fortune... ma vie... toi pour qui aucun sacrifice ne me coûterait!..

POLLY, *se remettant et affectant de rire*. Ah! ah! ah!... cela me rassure un peu pour la pauvre femme, que je plaignais déjà de toute mon ame.

ILVERTON. Comment?.... cela te fait rire?

POLLY. Sans doute, mylord...Vous avez du malheur... vous venez de gagner quelque chose qui va vous échapper... je me marie.

ILVERTON, *frappé*. Tu te maries?

POLLY. Aujourd'hui même.

ILVERTON. Aujourd'hui?.... ce n'est pas possible!

POLLY. Pourquoi donc?

ILVERTON. D'abord je ne le veux pas,

je ne le souffrirai jamais..... Une trahison infernale... Mortimer qui ne me prévient pas... qui engage sa parole!

POLLY, *finement*. Ah! vous auriez dû le faire mettre au jeu.

ILVERTON. C'est une indignité! au moment où je me félicitais... Et qui épouses-tu? quelque lourdeau...

POLLY. Du tout!.. un brave garçon... un honnête artisan.

ILVERTON, *avec dédain*. Un artisan!..... si ce n'est pas un meurtre!.. Tu ne peux pas te marier à un pareil homme..... il te faut quelqu'un d'aimable.

POLLY. Je ne demanderais pas mieux.

ILVERTON. Quelqu'un de riche... c'est essentiel.

POLLY. Ce n'est pas la bonne volonté qui me manque... mais comme je ne pouvais pas choisir... j'ai accepté... celui qui s'est présenté.

ILVERTON. Et tu l'aimes?

POLLY. Comme on doit aimer son mari... un peu.

ILVERTON. C'est-à-dire... pas du tout?

POLLY. Si... plus que ça.

ILVERTON. Enfin... ce n'est pas une passion?

POLLY, *hésitant*. Oh!

ILVERTON, *avec feu*. Il suffit..... tu ne l'épouseras pas.

POLLY. Comment?

ILVERTON. Je m'y oppose.

POLLY. Vous n'en avez pas le droit... d'ailleurs tout est prêt... et ce soir... dans quelques heures...

ILVERTON, *hors de lui*. Ce soir!.. mais quelle rage de se marier... quelle nécessité?..

POLLY. Dam! quand on veut rester sage... que l'on veut aimer son mari sans remords... sans crainte de l'avenir!.. une honnête fille n'a pas d'autre parti à prendre; et moi, d'abord, je n'appartiendrai jamais qu'à celui qui me donnera son nom.

ILVERTON, *avec résolution*. Tu y es bien décidée?

POLLY. Oh ça!..

ILVERTON. Oui... eh bien! moi aussi... j'y mettrai de l'entêtement... ce n'est pas une folie de plus qui m'arrêtera... Puisque tu veux absolument un mari.... tu en auras un... et ce sera moi.

POLLY. Vous, vous, mylord!

ILVERTON. Je t'épouse aujourd'hui.. sur-le-champ.

POLLY, *tremblante d'émotion*. Quoi?

ILVERTON. Je vaux bien un artisan, j'espère... et je t'aime mille fois plus que lui... j'en perds la tète. (*A lui-même.*) C'est vrai... la contrariété, le dépit, doublent encore mon amour.

POLLY. L'ai-je bien entendu!.. Oh! mylord, ne vous jouez pas d'une pauvre fille!

ILVERTON. Non, Polly, vous n'avez qu'un mot à dire.

POLLY. On se moquera de vous.

ILVERTON, *gaîment*. Des épigrammes, des quolibets... tant mieux!.. ça fouette le sang... ça réveille. Je veux le plus grand éclat... faire crier les dandys... les bas bleus... mettre en mouvement toutes les langues du Strand et de Picadilly... ça m'amuse d'avance... ça me fait du bien... c'est vrai... je me sens mieux!... D'ailleurs, vous rendre heureuse, vous, Polly, vous... pauvre enfant!.. c'est expier ma conduite passée... et à moins que vous n'éprouviez une répugnance invincible pour moi...

POLLY, *le regardant timidement*. De la répugnance! mon Dieu!.... comment oser vous répondre.... un bonheur si imprévu... un rêve que j'ai fait si souvent!..

ILVERTON, *transporté*. Qu'entends-je? Polly, vous vous occupiez de moi... vous m'aimiez... malgré la distance?

POLLY, *baissant les yeux*. Pourquoi non?.. vous m'aimiez bien, mylord!

ILVERTON, *lui baisant la main*. Ah! ce mot me déciderait... si je ne l'étais déjà.

POLLY. Où courez-vous?

ILVERTON. Tout ordonner, tout disposer.

POLLY. Un instant!

ILVERTON. Des parures, des ajustemens pour vous... la chapelle.... le ministre... nos amis...

POLLY. Aujourd'hui?

ILVERTON. A Londres, tout va vite avec de l'argent.

POLLY. Mais vous vous repentirez...

ILVERTON. Quand je serai le plus heureux des hommes!.. Adieu! adieu!...

POLLY. Mylord, écoutez...

ILVERTON. Je cours assurer mon bonheur.

(Il sort vivement.)

SCENE V.

POLLY, *seule, et voulant arrêter Ilverton.*

Mylord!.. Il ne m'entend plus... (*Mettant la main sur son cœur, et avec un grand trouble.*) Mon Dieu! mon Dieu! que m'a-t-il dit?.. Aimée de lui! moi!.. lady Ilverton... j'ai peur de devenir folle... oh! non, non, ce n'est pas possible, je vais me réveiller!

SCENE VI.

YORRICK, *dans le fond*, POLLY.

YORRICK, *à part.* Là... tout est disposé, comme elle me l'a ordonné.

POLLY, *se croyant seule.* S'il était vrai pourtant... oh ! que je serais heureuse !

YORRICK, *à part.* Elle s'occupe de moi!.. amour des amours, va !

POLLY, *de même.* Pouvoir l'aimer, sans rougir... le voir sans cesse... ne jamais le quitter!

YORRICK, *s'avançant, et avec amour.* Non, jamais, jamais, jamais, jamais!.. je ne te quitterai jamais!

POLLY, *surprise.* Ah ! voilà l'autre, à présent... je n'y pensais plus. (*Haut.*) Comment, c'est vous, déjà?...

YORRICK. Déjà!... mot d'une pudeur enchanteresse... Je le prends du bon côté, vous voyez!.. Oui, ravissante déité... tout est prêt.

AIR *de l'Artiste.*

Enivré d'espérance,
J'ai déployé du nerf...
Les témoins, la dispense...
J'ai couru comme un cerf!...
Enfin, ô bien-aimée!
Ma tant' met le couvert,
Ma boutique est fermée
Et le temple est ouvert.

POLLY, *à part.* Ah ! mon Dieu! comment lui dire maintenant?..

YORRICK. Venez, cher ange.... il me tarde de prononcer le serment éternel.

POLLY, *à part.* Je n'aurai jamais le courage..... (*Souriant.*) Cependant je ne peux pas en épouser deux.

YORRICK, *attendant sa réponse.* Plaît-il?

POLLY. Hein?

YORRICK. Quoi?

POLLY. Eh bien ! qu'est-ce que vous attendez?

YORRICK. Votre jolie petite main...

POLLY. Pourquoi?

YORRICK. Pour aller nous marier.

POLLY. Nous marier?

YORRICK. Sans doute.

POLLY, *d'un air étonné.* Qu'est-ce qui vous prend donc?

YORRICK. Comment! ce qui me prend? mais ce qui m'a toujours pris... un amour désordonné... volcanique... excentrique... et, puisque vous avez consenti...

POLLY. Moi?

YORRICK. Vous m'avez dit...

POLLY, *vivement.* Du tout... Ne me faites pas parler, monsieur Yorrick..... c'est très-inconvenant.

YORRICK, *plus étonné.* Vous avez même ajouté...

POLLY. Je n'en ai pas soufflé le mot... Je vous ai dit que je réfléchirais... et que dans quelque temps...

YORRICK. Vous m'avez dit... Tout de suite... tout de suite... tout de suite!...

POLLY, *vivement.* Ça n'est pas vrai... c'est très-déplacé, monsieur Yorrick..... Vous feriez croire que je me suis jetée à votre tête.

YORRICK, *voulant lui prendre la main.* Oh ! non pas, chère petite... mais...

POLLY, *avec dignité en retirant sa main.* Monsieur!.. je vous prie de prendre garde... Ces manières-là me déplaisent.

YORRICK, *confondu.* Qu'est-ce qu'elle a donc?... Je vous ai marché sur le pied?..

POLLY, *à part.* Et mylord qui peut revenir!..

SCENE VII.

LES MÊMES, UN GARCON DE MAGASIN, *et* UNE MARCHANDE DE MODES *portant plusieurs cartons.*

LE GARÇON. Miss Polly?

POLLY. C'est moi... (*A part.*) Ah ! mon Dieu!... les parures... les ajustemens qu'il m'a annoncés...

LA MODISTE. Voici ce qu'on nous a chargés...

POLLY, *l'interrompant.* C'est bien... posez cela...

LE GARÇON. C'est de la part...

POLLY, *de même.* Je sais... je sais... laissez-moi.

LA MODISTE. Si ça n'est pas à votre goût...

POLLY, *de même.* Si, si, parfaitement... (*A part.*) Mon Dieu! sont-ils bavards!.. (*Haut.*) C'est bien, c'est bien... laissez tout cela... Vous pouvez vous retirer.

(Le garcon et la marchande de modes posent les cartons de côté, et sortent.)

YORRICK, *voulant aller aux cartons.* Qu'est-ce que c'est donc?

POLLY, *l'arrêtant.* Des détails de maison, des emplettes.... qu'on m'a priée de faire...

YORRICK. Vous êtes bien bonne de faire les commissions des autres...à présent que vous allez avoir un ménage à vous!

POLLY. Ce n'est pas encore fait.

YORRICK. Mais enfin... qu'est-ce qui peut retarder?

POLLY, *avec embarras*. Mon Dieu!.. tous les jours on cause en plaisantant avec quelqu'un qui a l'air de vous aimer...

YORRICK. Qui a l'air!..

POLLY. Et puis... dam!... ce n'est pas ma faute si votre caractère, votre légèreté naturelle...

YORRICK. Ma légèreté!.. moi?

POLLY. Oui, monsieur... On ne se connaît pas soi-même.... Vous êtes très-léger, très-changeant!.. Enfin, que voulez-vous que je vous dise?... on s'imagine qu'on se convient... et puis, un beau matin... on croit voir... ou plutôt, on voit parfaitement que... C'est pourquoi... je vous prie, monsieur Yorrick, de ne plus paraître ici... et de ne jamais m'adresser la parole.

YORRICK, *se frappant le front*. Si j'y comprends un mot... Un beau matin... on croit voir... on voit parfaitement....(*Frappé d'une idée.*) Ah! j'y suis!..(*Souriant avec complaisance.*) Jalouse, va!

POLLY. Jalouse!

YORRICK. Oui, oui... c'est une querelle que vous me faites.

POLLY, *avec impatience*. Eh bien! oui, monsieur, c'est une querelle... là!

YORRICK. Je sais pourquoi!

POLLY, *à part*. Il est plus avancé que moi.

YORRICK. Et je vais vous expliquer...

POLLY. Non, non... je ne veux rien savoir.

YORRICK. Du tout... je dois me justifier.

POLLY, *à part*. Je suis au supplice.

YORRICK, *d'un air solennel*. Polly!... c'est une bonne chose en soi que la jalousie... la vôtre me flatte infiniment... mais il ne faut pas la pousser jusqu'à l'exaltation. (*Changeant de ton.*) Vous êtes donc sortie ce matin?

POLLY, *avec impatience*. Oui, monsieur, et je vais sortir encore tout-à-l'heure.

YORRICK, *souriant*. C'est ça... pour m'espionner!.. petit serpent!.. parce que vous m'avez vu causer avec cette jeune femme, devant mon magasin.

POLLY. Une jeune femme!.. comment?

YORRICK. Vous avez pu penser... ah! chère amie!.. quelle erreur profonde!... si vous saviez, c'est un vrai roman... Un jour, une pauvre femme...

POLLY. Qu'est-ce que cela me fait?

YORRICK. Allons! voilà la tête qui repart encore... Je vais vous conter la chose: Une pauvre femme, un jour...

POLLY. C'est inutile.

YORRICK. Pardonnez-moi, il faut que vous y voyiez clair... cette femme, je ne la connais pas, j'ignore son nom... je ne sais où elle va, ni d'où elle vient... voilà déjà un point parfaitement lucide!..

POLLY, *à part et regardant au fond*. Il n'en finira pas!

YORRICK, *continuant*. Il y a trois jours, je revenais de Richemond, à la nuit close... en sortant de *Charring-Cross*, je vois une femme qui chancèle et qui tombe à mes pieds...

POLLY. Ah! mon Dieu!

YORRICK. Bon!.. je dis, c'est une ruse!.. une scène de mendicité!.. je le croyais, mais non, elle était évanouie... franchement évanouie.... j'avais mon flacon de *Smelling-Salts*... je lève son voile... et je lui en fais respirer... allez, allez donc!.. ça l'a fait revenir... ça lui a donné une attaque de nerfs, preuve que ça lui faisait effet.... au bout de quelque temps, elle ouvre des yeux... des yeux!.. ah! ce seraient les plus beaux yeux du monde... si vous n'aviez pas les vôtres!..

POLLY, *haussant les épaules*. Vraiment!

YORRICK. C'est une parenthèse!.. et jolie!.. ah!.. il faut être juste... jolie!.. jolie!.. jolie!.. jolie!.. jolie!.. un regard!.. une taille!.. de ces figures à n'être jamais malheureuses! et pourtant on voyait qu'elle avait beaucoup souffert!.. — Ah! dit-elle, avec une voix à attendrir un marbre: Où suis-je? — Au milieu de la rue, que je lui réponds. — Ah! monsieur!.. par pitié, secourez-moi.. mourir ici, mon Dieu! ce n'était pas là ma place! — Ce n'est la place de personne, que je lui dis, d'autant que les réglemens de police sont très-sévères; je vais vous conduire dans quelque auberge. — Hélas! voudra-t-on m'y recevoir? — Pourquoi pas? que je lui dis. — Sans papiers, sans argent? — Justement, je n'en avais pas non plus!.. c'était dimanche, toutes les boutiques étaient fermées; alors, ma foi, un parti désespéré!.. je l'engageai à me suivre chez moi. — Chez vous? oh! non, non! — L'horreur qu'elle me témoigna me fit plaisir; je vis qu'elle était honnête, quoique ce ne soit probablement qu'une fille séduite... une Clarisse, qui cherche son suborneur... les rues de Londres en sont pavées de ces malheureuses Clarisses.... mais comme je ne suis pas un Lovelace, ça ne pouvait pas me compromettre... j'insistai! elle vit se refléter dans mes yeux la candeur d'une ame chaste et pure... elle comprit que j'étais incapable d'abuser de la confiance d'une femme!.. Ça, c'est vrai, on me confierait bien deux cents femmes, qu'on les retrouverait absolument... sans que jamais... au contraire! Voilà la vérité, toute la vérité, rien que la vérité.

POLLY, *à part*. Et il a bon cœur!.. pauvre garçon!.. je ne sais plus comment me fâcher.

YORRICK. Et ce que j'ai fait pour elle, Polly, je l'ai fait en pensant à vous... je me disais : Ma petite Polly ne m'en voudra pas, elle est bonne aussi, et je suis sûr qu'à ma place, elle en ferait autant.

POLLY, *haut, d'un ton piqué*. Certainement, monsieur ; mais une femme, c'est bien différent.

YORRICK. Pourquoi?

POLLY. Parce que moi, je l'aurais obligée sans faire attention si elle était jolie.

YORRICK. Je n'y ai pas fait attention... je l'ai remarqué, voilà tout... j'ai dit: Tiens, voilà une jolie femme!

POLLY, *feignant du dépit*. Au surplus, vous êtes bien le maître... un garçon est libre de recevoir chez lui qui il veut... de demeurer avec une jeune femme..... une inconnue!

YORRICK. Voilà que ça lui reprend.... oh! comme la passion perce!.. mais quand je vous dis...

POLLY, *éclatant*. Et moi, j'y vois clair, monsieur, je vous prie de ne plus me parler de mariage... de ne plus penser à moi, et de retirer vos propositions.

YORRICK. Je ne les retirerai pas!.. Ah bien! par exemple!.. vous êtes jalouse.... c'est un malheur!.. vous m'aimez trop... ce n'est pas votre faute!..

POLLY. Mais, au contraire... vous ne comprenez pas.

YORRICK. Si fait!

POLLY. Je vous prie de ne plus revenir.

YORRICK, *se montant la tête*. Parce que l'autre vous porte ombrage!... Quand les femmes prennent quelque chose de travers!... Eh bien! ma protégée ne risque rien..... je m'en vais de ce pas la mettre à la porte.

POLLY. Ça n'y fera rien.

YORRICK, *avec emportement*. Laissez-donc, je la traiterai comme la dernière des dernières!.. Ah! c'est une étrangère... une aventurière qui me nuira dans votre esprit.... qui jettera le trouble dans mon ménage... naissant... et puis vous viendrez me dire : Qu'est-ce que vous voulez, monsieur, je ne vous connais pas.... où diable ai-je eu le plaisir de vous voir?.. Ah! ah! très-bien!.. très-bien!..

AIR : *Oui, sur notre passage* (Mari charmant).

J'en suis fâché pour elle,
Mais, puisqu'on me querelle,
Un autre toit, ma belle,
Vous vaut mieux que le mien!...
J'aime la bienfaisance,
Mais il faut, je le pense,
Que le bien qu'on dispense
Au moins ne coûte rien!

ENSEMBLE.

Soyez tranquille,
Je suis docile,
Oui, je l'exile...
Car, je le vois,
Un bon ménage,
Suivant l'usage,
Va mal, je gage,
Quand on est trois.

POLLY, *le suppliant*.

Peine inutile!...
De cet asile,
Las! on l'exile
Ah! je le vois,
Un tel outrage
Est mon ouvrage!
Plus tard l'orage
Fondra sur moi.

YORRICK, *noblement*. Miss, je vous salue (*la saluant*) mais je ne vous dis point adieu.

(Il sort.)

SCENE VIII.

POLLY, *seule*.

Ah! mon Dieu! que le bonheur vous donne donc de tourmens!... Cette pauvre femme... je suis cause qu'il va la maltraiter; c'est bien mal à moi!.. mais je ne savais comment m'en débarrasser.... je me sentais rougir, trembler... Je croyais toujours voir mylord revenir, et il me prenait un battement de cœur!.. Enfin... il est bien loin... il est bien loin, et je puis contempler... (*Elle court aux cartons.*) Qu'est-ce qu'il m'envoie donc? (*Elle ouvre et regarde les ajustemens.*) Oh! la belle toilette de mariée!... quel goût! que c'est brillant!. ces fleurs... ces bijoux... oh! c'est trop beau, je n'oserai jamais mettre ça.. je crois, pourtant, que cette guirlande ne m'irait pas mal... (*elle la place sur son front*) avec cette ceinture... Oh! les jolies boucles d'oreilles... et le collier pareil... (*Elle s'admire.*) C'est-à-dire que je ne suis pas reconnaissable...

AIR *de Paris et le Village*.

S'il pouvait me voir, que dirait
Ce pauvre Yorrick que j'oublie!..
Peut-être qu'il se fâcherait...
(*Se regardant en souriant.*)
Non, s'il me trouvait embellie!
De mes grandeurs il serait fier vraiment,
Car, à moins d'injustice extrême,
On doit toujours être content
Du bonheur de ceux que l'on aime!

(*Écoutant au fond.*) On vient... Ah! mon Dieu! si on me surprenait ainsi... C'est mylord!...

(Elle se baisse et se cache derrière le dossier d'un fauteuil qui est près de la glace, à gauche; Ilverton et Mortimer entrent.)

SCENE IX.

POLLY, *cachée*, MORTIMER, ILVERTON.

MORTIMER, *posant sa cravache sur une chaise, en riant à Ilverton.* Ah! parbleu!.. pendant que je courais le bois, on t'a fait faire du chemin!.. celle-ci passe toutes les autres!... l'épouser?.. toi!..

ILVERTON. Pourquoi pas?

MORTIMER. Une petite fille...

ILVERTON. Charmante!..

MORTIMER. A la bonne heure... mais, comme tu disais toi-même... sans naissance...

ILVERTON. Et, comme tu disais toi-même aussi, n'est-elle pas de parens honnêtes? et puis les pairs d'Angleterre n'épousent-ils pas tout le monde? d'ailleurs il y va de mon bonheur... de ma vie...

MORTIMER. Là! là... ne t'emporte pas.. après tout, ça te regarde... c'est pour ton compte... moi, je ne suis pas un tuteur barbare, un farouche Bartholo, et j'y consens de tout mon cœur.

ILVERTON, *lui serrant la main.* Ah! mon ami...

MORTIMER, *regardant autour de lui.* Eh bien! où est-elle donc, la mariée?..

ILVERTON. Je l'ai laissée ici.

MORTIMER. Est-ce qu'on te l'aurait déjà enlevée?

POLLY, *toute confuse, et levant sa tête au-dessus du fauteuil.* Non, monsieur... me voilà.

ILVERTON, *frappé.* Comme elle est bien!..

MORTIMER. Oui, ma foi... cette coiffure.. (*A part.*) Ces diables de femmes! dans quelque position qu'elles se trouvent, sont toujours à leur place.

POLLY, *d'un air honteux.* Mon Dieu! je ne voulais pas mettre toutes ces belles choses; je ne sais comment il s'est fait qu'en les essayant...

MORTIMER. Vous les ayez gardées?... c'est très-bien, mon enfant.

ILVERTON. D'autant mieux que nous n'avons pas une minute à perdre... tout est disposé.

POLLY, *émue.* C'est donc bien vrai?

MORTIMER. Sans doute!.. (*Gravement.*) Ma chère pupille, dans cet instant solennel... (*A lui-même.*) Diable! je n'ai pas préparé de petit discours, et il n'est pas donné à tout le monde de trouver tout de suite... (*Haut.*) Plus tard je vous dirai une foule de choses très-touchantes sur les devoirs... le lien sacré... Pour le moment, je me bornerai à vous féliciter sur le choix que vous avez fait... Vous ne pouviez pas mieux tomber... et après moi... mon ami est ce qu'il y a de mieux dans ce genre là!..

ILVERTON, *en souriant.* Très-bien!

MORTIMER. Quant à votre dot... votre mari se charge... c'est comme s'il l'avait touchée...

ILVERTON, *riant.* Absolument.... je suis satisfait.

(Polly retourne près de la glace.)

MORTIMER, *bas.*

AIR : *Ma belle est la belle des belles.*

Non vraiment je veux te la rendre.

ILVERTON, *de même.*

N'en parlons plus, mon cher...

MORTIMER.

Si fait,
Pourvu que tu veuilles attendre...
Et je te ferai mon billet.

ILVERTON, *souriant.*

Fort bien!..

MORTIMER.

C'est sacré!... je l'atteste...
Je te rembourserai soudain
Sur le premier oncle... un peu leste
Qui me tombera sous la main.

ILVERTON, *bas.* Du tout!... c'est mon cadeau de noces!... (*Haut.*) Mais les ordres que j'ai donnés doivent être exécutés... nos amis, nos témoins, sont réunis à la chapelle... à deux pas d'ici. L'acte est dressé... partons!

POLLY, *émue.* O mon Dieu!

ILVERTON. Est-ce que cela vous fait peur?

POLLY, *la main sur son cœur.* Oui... car je ne puis y croire... il me semble qu'au moindre mouvement que je vais faire... tout s'évanouira.

SCENE X.

LES MÊMES, JOHN, *et plusieurs* VALETS, ILVERTON.

(Ils sont en grande tenue, avec les gants blancs, les bouquets, etc., et entrent par la droite.)

JOHN, *avec empressement.* On n'attend plus que mylord et mylady...

POLLY, *à part.* Mylady!

JOHN, *s'avançant.* Et, si sa grâce veut prendre la peine... (*La regardant et à part.*) Dieu! qu'est-ce que je vois? la petite servante qui se trouve!... Oh! si elle se rappelle mes impertinences de ce matin...

ILVERTON, *offrant la main à Polly.* Venez, chère Polly!

JOHN, *montrant la porte à droite.* Si mylady veut prendre cet escalier, cela abrége beaucoup. (*Poussant les valets qui se trou-*

vent près de la porte.) Laissez donc passer mylady... (*Criant.*) La voiture de mylady!

VOIX, *en dehors, répétant.* La voiture de mylady!

POLLY. Ma voiture... C'est égal... je veux aller jusqu'au bout... pour voir si c'est vrai.

(Elle se dirige vers la porte, conduite par Ilverton.)

SCENE XI.

Les Mêmes, JACK.

JACK, *entrant et arrêtant Mortimer, bas.* Pardon, votre honneur... une lettre.

MORTIMER. Je n'ai pas le temps.

JACK, *à demi-voix.* C'est d'une dame.

MORTIMER, *de même.* Hein? une dame... une aventure?..

ILVERTON. Eh bien! Mortimer?

MORTIMER. Voilà! voilà!... allez toujours... je vous suis... une affaire de famille...

ILVERTON. A ton aise!

MORTIMER. J'y serai aussitôt que vous.

CHOEUR.

AIR : *Par l'éclat et la richesse* (la Couleuvre).

Quand le bonheur {nous / vous} appelle,
Bien vite il faut y courir,
D'une espérance nouvelle
{Je sens mon cœur / Votre cœur doit} tressaillir.

(*Ils sortent par la droite.*)

SCENE XII.

JACK, MORTIMER.

MORTIMER, *le retenant.* Une jeune dame, jolie?

JACK. Je n'ai pas pu la voir... elle était voilée.

MORTIMER. Voilée?

JACK. Elle est venue plusieurs fois.

MORTIMER. Et elle est en bas?

JACK. Non, votre honneur, elle s'est éloignée en me laissant ce mot.

MORTIMER. C'est bien, je vais répondre, va-t'en.

(Jack sort.)

SCENE XIII.

MORTIMER, *seul.*

Une femme voilée!.. est-ce que ce serait cette belle mystérieuse que j'ai aperçue hier chez Ilverton... Parbleu! ce serait trop juste, puisqu'il m'enlève ma pupille... je puis bien de mon côté... (*Ouvrant la lettre.*) Voyons vite, j'ai le pressentiment d'une intrigue délicieuse. (*Il lit, la figure riante.*) « Une destinée bien douloureuse!» C'est toujours comme ça. « Un enchaîne- » ment de malheurs! » C'est ça, le roman ordinaire... « Je n'ai d'espoir qu'en vous. » Pauvre petite femme! elle veut me voir... comment donc? enchanté! (*Sa figure s'allonge.*) Ah! mon Dieu! qu'est-ce que je vois-là? mais c'est abominable! c'est horrible!... mais ça ne peut pas être... je me suis trompé..... (*Regardant la signature.*) Dieu! sa signature! c'est elle... (*Frappé d'un souvenir.*) Bonté divine! et l'autre qui se marie bien tranquillement... Il faut suspendre... il faut courir.

(Il va prendre son chapeau sur le canapé, et se dispose à sortir à droite. Il est arrêté par Yorrick.)

SCENE XIV.

MORTIMER, YORRICK.

YORRICK, *tout essouflé.* Dieu merci!.. le mal est réparé, il n'y a plus de danger.

MORTIMER. Vous en êtes sûr!... vous les avez rencontrés?

YORRICK. Qui donc?

MORTIMER. Le cortége.

YORRICK. Parbleu!.. c'est ce qui m'a retardé... je venais de congédier mon aventurière et j'accourais plein de joie, lorsque j'ai trouvé un embarras, une foule qui tenait toute la rue!..

MORTIMER. Ah!

YORRICK. Il s'est même trouvé que je connaissais le patient...

MORTIMER, *étonné.* Le patient.

YORRICK. Ce pauvre Tompson... le chapelier, que l'on va pendre.. parce qu'on a découvert qu'il avait épousé deux femmes... l'infortuné!.. il y a des hommes bien malheureux!

MORTIMER, *tressaillant.* Un bigame...

YORRICK. Précisément... il m'a tendu la main, je la lui ai serrée, en lui souhaitant plus de bonheur une autre fois... je crois qu'il fera bien les choses.

MORTIMER, *vivement.* Que le diable l'emporte... il me retient là!

YORRICK. Où courez-vous?

MORTIMER. Laissez-moi... laissez-moi.

JACK, *revenant par la droite.* Les voici!.. les voici qui reviennent.. tout est fini, ils sont mariés!

MORTIMER, *frappé et tombant dans un fauteuil à droite.* Mariés!..

YORRICK, *à Jack*. Mariés ! Qui donc ?...

JACK. Lord Ilverton !.. voyez comme mylady paraît enchantée !

YORRICK, *regardant*. Mylady !.. (*Reculant.*) Que vois-je ?.. (*Comme suffoqué.*) Ah ! mon Dieu !.. ah ! mon Dieu !.. ah ! mon Dieu !..

(Il tombe sur le canapé.)

MORTIMER, *à part*. Le malheureux !.. deux femmes légitimes !.. je n'ose plus lui rien dire.

JACK, *à Yorrick*. Mais levez-vous donc ! le respect...

YORRICK. Je ne peux pas... je suis asphyxié.

SCENE XV.

LES MÊMES, ILVERTON, *donnant la main à Polly ; il est précédé de ses amis, hommes et femmes ; les valets et les grooms en grande livrée restent au fond du théâtre.*

FINAL.

AIR : *Ah ! s'il brave mes lois* (Cheval de bronze).

CHOEUR.

De ce noble hyménée
La chaîne fortunée
Unit leur destinée :
Quel moment heureux
Pour tous deux !
Quel plaisir ! quelle ivresse !
Qu'ici chacun s'empresse !
Leur bonheur, leur tendresse,
Vont combler tous nos vœux.

YORRICK, *à part. les regardant.*

Quelle horreur !... trahison infâme !...

ILVERTON, *avec bonheur.*

Tout succède au gré de mes vœux !

POLLY.

Quel bonheur !... Yorrick ! ah ! grands dieux !

YORRICK, *à part.*

L'épouse de mylord, c'est elle... c'est ma femme !

ILVERTON, *courant à Mortimer.*

Ta main, mon cher ami !

MORTIMER, *accablé.*

Plus d'espoir... c'est fini !

YORRICK, *à part, se levant et avec résolution.*

Mais je vais la traiter...

POLLY, *à part, avec frayeur.*

Quelle fureur l'enflamme !

ILVERTON, *voyant Polly se serrer près de lui.*

Vous tremblez ?... pourquoi donc ?... vous le savez pourtant,
Si quelqu'un osait vous déplaire,
Je le tuerais !

YORRICK, *s'arrêtant.*

Quel joli caractère !
Pour la confondre j'aime autant
Choisir un tout autre moment.

CHOEUR.

De ce noble hyménée, etc., etc.

ILVERTON.

De ce noble hyménée
La chaîne fortunée
Unit ma destinée
A celle qu'appelaient mes vœux !
Quel plaisir ! quelle ivresse !
Qu'ici chacun s'empresse
Et chasse la tristesse
De ce séjour heureux.

MORTIMER, *à part.*

De ce triste hyménée
La chaîne infortunée
Unit leur destinée...
Quel jour douloureux
Pour tous deux !
En vain chacun s'empresse,
Leur bonheur, leur ivresse
Et ces chants d'allégresse
Pour mon cœur sont affreux !

POLLY, *à part.*

De ce noble hyménée
La chaîne fortunée
Unit ma destinée
A celui qu'appelaient mes vœux
Mais, malgré mon ivresse,
Je sens que la tristesse
A son aspect m'oppresse,
Quel regard furieux !

YORRICK.

De ce lâche hyménée
La chaîne infortunée
Unit leur destinée,
Et trompe aujourd'hui tous mes vœux ;
Cachons bien ma faiblesse,
Je veux avec adresse
Changer leur allégresse
En accens douloureux.

ILVERTON, *à ses amis.*

Mais à mon hôtel, mes amis,
Nous voulons vous voir réunis !

YORRICK, *à part.*

C'est pour la noce !... ô perfidie !

ILVERTON.

A six heures pour le repas !
C'est mylady qui vous convie.

CHOEUR.

Nous y serons !

YORRICK, *à part et fièrement.*

Je n'irai pas !

CHOEUR.

ENSEMBLE.

AIR : *Sur ce cheval fougueux.*

A ce joyeux festin
Nous volerons soudain ;
Des soucis, du chagrin,
Pour perdre la mémoire,
Il faut boire, il faut boire,
Jusques au lendemain !

ILVERTON *et* POLLY.

A ce joyeux festin
Venez, venez soudain, etc., etc.

MORTIMER, *à part.*

A ce joyeux festin
Succédera demain
Un désespoir soudain...
Hélas ! je n'ose croire
Qu'ils perdent la mémoire,
Même jusqu'à demain !

YORRICK, *à part.*

Cet odieux festin
A redoublé soudain
Ma fureur, mon chagrin !
D'une trame aussi noire
Je garde la mémoire ;
Nous nous verrons demain !

(*Ilverton donne la main à Polly, et sort au milieu de ses amis. Yorrick en passant leur jette un coup d'œil menaçant. Mortimer les suit d'un air abattu.* — LA TOILE TOMBE.)

ACTE TROISIÈME.

Le théâtre représente un riche salon de l'hôtel d'Ilverton. Porte de fond et portes latérales. A gauche, une fenêtre, ornée de draperies élégantes, et donnant sur la place publique.

SCENE PREMIERE.

YORRICK *seul, entrant par une porte à gauche.*

Personne!.. la maison est sens dessus dessous... comme mon cœur!.. c'est égal... à tout prix, je veux voir la perfide. (*Il se jette dans un fauteuil.*) Dire que c'est là son hôtel... Quelle horreur!.. un local magnifique... des meubles délicieux... Quelle infamie!.. une espèce de servante!.. Il y a des momens où je crois qu'on l'aura épousée sans qu'elle s'en soit doutée... (*Se levant et avec un geste d'indignation.*) Laissez donc! elle s'y sera fort bien prêtée. La gloriole de dire: « Je suis mylady.» La bêtise de dire: « J'ai trois cent mille livres de rentes!.. Il y en a qui assurent quatre cent mille!..» Fille insensée! comme s'il n'eût pas mieux valu se dire : « J'ai une jolie petite boutique, comptoir en bois des îles, orné de glaces, avec un cœur sensible... (*s'attendrissant*) fidèle! » (*Reprenant son indignation.*) Lâche que tu es! tu y songes encore!.. Etre vil et abject!.. tu devrais te donner des coups de pied dans le ventre, si tu avais du cœur! mais tu n'en as pas!.. Après cela!.. il l'aura séduite!...

Air :

Oh! les lords!... l'aristocratie,
Je les hais cordialement!
Je les exècre à la folie...
Je leur ferai des bottes maintenant,
Qui prendront l'eau partout au même instant.
Je veux que tous, j'ose en répondre,
Ne sortent plus des rhumes, grâce au ciel!
Et que la noblesse de Londres
Ne soit enfin qu'un catharre éternel!
Oui, je les voue au catharre éternel!

SCENE II.

JOHN, YORRICK.

JOHN, *à la cantonnade.* Des fleurs dans le vestibule! et que l'on monte là-haut ce portrait de la défunte... c'est l'ordre exprès...

YORRICK, *avec ironie.* C'est ça!.. les proscriptions qui commencent.

JOHN, *l'apercevant.* Ah! mon cher Yorrick!.. je suis sur les dents!.. en deux heures remonter tout l'hôtel pour y recevoir la nouvelle mariée...

YORRICK, *étonné.* Elle n'est donc pas ici?

JOHN. Pas encore. En sortant de la cérémonie, ils ont été se promener à Greenwich, en calèche découverte.

YORRICK, *haussant les épaules.* En calèche... ça fait pitié.

JOHN. Ça m'a donné le temps d'arrêter de nouveaux domestiques qui ne fussent pas habitués à regarder mylady (*baissant la voix*) comme leur égale.

YORRICK, *le regardant de travers.* Mylady!.. ce mot est mon cauchemar.

JOHN. Qu'avez-vous donc, monsieur Yorrick?

YORRICK. J'ai... j'ai peu de satisfaction, et je... je me demande si je me jetterai dans la Tamise, ou si je me jetterai tout bonnement...

JOHN. Par la fenêtre?

YORRICK. Non!... dans le paquebot pour les Etats-Unis.

JOHN. Je vous conseille le paquebot.

YORRICK. Oui, c'est plus sûr!.. je songeais au ballon de M. Green; mais il ne sait jamais où il va! On part pour Naples, on arrive à Stockholm; c'est contrariant quand on est pressé... O femmes! femmes! que vous êtes...

JOHN, *à demi-voix.* Bah! c'est pour cela? est-ce que vous auriez voulu faire comme mylord?.. épouser une petite fille de rien.

YORRICK, *avec indignation.* Moi! je l'aurais épousée dix fois pour une!

JOHN. Si vous étiez lord Ilverton?

YORRICK. Si j'étais lord Ilverton, je serais aussi bête que lui... peut-être davantage!.. On ne peut pas répondre! mais vous ne comprenez donc pas, mon bon John... que c'est une machination, un complot!.. Il était jaloux de moi... Comment, se disait-il, je suis riche, je suis noble... je ne peux pas me faire aimer... et voilà mon bottier... un malotru (*comme s'il lui répondait*) insolent!.. qui se fait adorer de la plus jolie fille de Hay-Marcket... qui sera heureux à ma barbe! Du tout... je veux le supplanter... ça me désennuiera... Orgueilleux tory!... je te rendrai cela... et pour commencer... (*tirant un papier de sa poche*) Tu me payeras sur-le-champ mon dernier mémoire... tu me le payeras cher!..

JOHN. A propos de ça... il lui faut des bottes de chasse...

YORRICK. Que je me mette à genoux devant mon rival!.. pour lui prendre mesure! moi!.. je me mettrais plutôt aux genoux du dernier misérable... je me mettrais plutôt à genoux... devant vous, John!

JOHN. Eh bien! par exemple...

YORRICK. C'est pour vous dire.. que je ne puis plus l'envisager; c'est déjà trop que mon magasin soit en face de son hôtel! mais je ferme boutique... il faut que tout le monde me paye.. lui le premier... ou je fais mettre tout le monde en prison.

JOHN. Il trouvera votre procédé...

YORRICK. Il me doit de l'argent... et je ne lui dois pas de procédés! Je deviens Turc... Bédouin!

JOHN. Comme vous voudrez. (*Courant à la fenêtre.*) Justement... j'entends la voiture. Allons voir si tout le monde est à son poste.

(Il sort.)

YORRICK, *s'excitant*. Ce sont eux!.. Si je pouvais jeter la discorde dans le nouveau ménage, avant que... (*S'arrêtant.*) Oh! quelle idée!.. cette femme mystérieuse... que j'ai recueillie... je l'ai entendue s'écrier souvent: « Ilverton!.. ingrat Ilverton!... » C'est une ancienne maîtresse qu'il a abandonnée... cela saute aux yeux!... et alors... si je trouvais un moyen... J'y suis... C'est infernal... c'est ce qu'il me faut!..

AIR *de J. Doche*.

Oui, couple fatal,
Grâce à toi, je deviens atroce,
Je suis un chacal,
Un vautour, un tigre féroce;
Je me vengerai,
Je déchirerai
Vos cœurs félons par vingt mille blessures;
Je te verrais, au milieu des tortures,
Me crier: pardon!
Je te dirais: non!
Toi qui me fus chère,
Tu veux m'attendrir,
Ta voix mensongère
Me lance un soupir;
Ah! par ta prière
Crois-tu me fléchir?
Non couple fatal, etc.

Les voici!.. ah!..

(*Il remonte la scène, les menace du doigt et sort à gauche.*)

SCENE III.

POLLY, ILVERTON, *donnant la main à Polly*, JOHN, MORTIMER, VALETS *et* FEMMES DE CHAMBRE.

CHOEUR.

AIR: *Pour moi, grands dieux! oh! quelle souffrance!* (Capitaine de vaisseau.)

Heureux séjour!
Qu'embellit votre présence,
Qu'ici l'amour
Vous fixe enfin à son tour!
Oui, dans ces lieux,
Le bonheur et l'espérance
De tous les deux
Doivent exaucer les vœux.

ILVERTON, *à ses gens*. Merci, mes amis... merci, de ces preuves d'attachement... Allez, et songez que désormais (*montrant Polly*) c'est de mylady seule que vous aurez à recevoir des ordres.

(John et les autres domestiques sortent en s'inclinant.)

SCENE IV.

POLLY, ILVERTON, MORTIMER.

MORTIMER, *à part, pendant qu'Ilverton et Polly ont remonté la scène*. C'est qu'il paraît très-heureux, l'infortuné!.. et depuis deux heures, impossible de lui glisser un mot!

ILVERTON. Oui, chère Polly... vous êtes ici chez vous... tout ce qui vous entoure vous appartient... comme le cœur de votre époux...

POLLY, *comme étourdie, et la main sur son cœur*. Ah! mylord, ne me chargez pas à la fois de trop de reconnaissance.

MORTIMER, *à part*. Je ne peux pourtant pas lui laisser ignorer...

ILVERTON. En attendant nos amis, vous ferez connaissance avec votre hôtel... (*montrant la porte à droite*) vos appartemens... Vous avez vu vos gens... vos femmes... (*montrant un riche sultan qui est sur une table, au fond à droite*) et vous trouverez là quelques ajustemens nouveaux.

POLLY, *d'un air de reproche*. Encore!..

ILVERTON. Non, pour vous!.. mais pour moi... qui serai si fier de vos succès... Quand on possède une femme... bonne... aimable...

MORTIMER, *à part*. S'il savait qu'il en a deux!..

ILVERTON. Quel ménage plus heureux!..

MORTIMER, *à part*. Oui!.. un ménage à trois... ça va faire un tapage!...

ILVERTON, *lui baisant la main*. Chaque jour sera un nouveau bonheur.

MORTIMER, *à part.* Diable!.. il va trop loin... (*Haut, et toussant.*) Hum! hum!

(Il passe entre eux deux.)

POLLY, *confuse et baissant les yeux.* Prenez donc garde, mylord...

ILVERTON. Mortimer!.. (*Riant.*) Quelle drôle de figure il nous fait! (*Sérieusement, et comme frappé d'une idée subite.*) J'y pense!.. cet air contraint... (*Courant à lui et à mi-voix.*) Tu m'as peut-être fait un sacrifice, mon ami!.. tu en étais amoureux?..

MORTIMER. Amoureux!.. moi?.. est-ce que je m'amuse à ces niaiseries-là?

ILVERTON. Ah!.. tant mieux!

MORTIMER, *voulant le pressentir.* Toi-même... j'espère bien que ce n'est pas sérieux!

ILVERTON, *bas.* Au contraire! je l'aime comme un fou!

MORTIMER, *à part.* Très-bien!.. (*Regardant Polly.*) Mais..... (*Il s'approche d'elle.*) Eh bien! mon enfant.... vous n'avez pas encore eu le temps de vous attacher?..

POLLY, *en confidence.* Si fait... je l'aimais en secret depuis plus de deux ans.

MORTIMER, *à part.* De mieux en mieux... si je sais comment me tirer de là!.. (*Prenant sa résolution.*) Allons, allons!.. (*Haut.*) Mon ami!..

ILVERTON. Qu'est-ce que tu as donc?

MORTIMER, *bas.* Je voudrais te parler.

ILVERTON, *regardant Polly.* Je t'écoute! je n'ai rien de caché pour elle.

MORTIMER. Oui... mais comme ça me concerne... si nous faisions un tour à Green-Parck?

ILVERTON, *étonné.* Comment!

MORTIMER, *bas.* A l'instant, une affaire d'honneur... j'ai... j'ai absolument besoin de toi.

ILVERTON, *vivement et bas.* Une affaire!.. c'est différent... je te suis.

MORTIMER. Pardon, mylady... si je vous l'enlève.

ILVERTON, *passant près de Polly.* Pour quelques minutes seulement.

POLLY, *timidement.* Ah! mylord.... je n'ai pas la prétention de disposer de tous vos instans.... (*tendrement*) Mais ne tardez pas trop, je vous en prie.

ILVERTON, *lui baisant la main avec amour.* A bientôt!

MORTIMER, *à part.* Que Dieu et saint Georges m'inspirent maintenant!

(Ils sortent.)

SCENE V.

POLLY, *seule.*

(*Après un silence.*) Ah!.. j'avais besoin de respirer un moment... Est-ce bien moi?.. cet hôtel... ces livrées... et mon mari... oui!.. mon mari qui était là... qui me baisait la main... c'est gentil!.. (*Regardant autour d'elle.*) C'est très-beau, chez moi... des rideaux de soie... et ce coffre rempli de parures... (*Elle y court.*) Les jolies dentelles.... un portefeuille et une bourse d'or... que veut-il que je fasse de tout cela? (*Bruit et tumulte au dehors.*) Quel bruit sur la place! On se bat à coups de poings!... c'est peut-être une élection!.... et mylord qui n'est pas rentré!.. (*Appelant.*) Mesdemoiselles!... Allons!.. je ne sais pas le nom d'une de mes femmes! (*Apercevant une sonnette à gauche sur une table.*) J'oubliais la sonnette.... elle m'a cependant fait assez courir...

(Elle sonne.)

SCENE VI.

POLLY, JOHN.

JOHN. Mylady?..

POLLY, *se donnant un peu d'assurance.* Que se passe-t-il donc devant l'hôtel?

JOHN. Oh! cela ne mérite pas l'attention de mylady... une pauvre jeune femme poursuivie pour dettes... et que l'on veut conduire en prison.

POLLY. Une jeune femme?

JOHN. Assez jolie...

POLLY. Jolie... et elle est malheureuse... c'est qu'elle est honnête... elle en a plus de mérite... et je ne souffrirai pas...

AIR : *Dis-moi, mon vieux.*

Amenez-la vite, je vous en prie,
Oui, qu'elle vienne ici...

JOHN.

Dans un instant.

(*Il sort avec empressement.*)

POLLY, *courant au sultan et prenant la bourse.*

Combien, mylord, mon cœur vous remercie
A vos cadeaux d'avoir joint cet argent!
Oui, oui, je sens quels bienfaits sont les vôtres,
Et de cet or je comprends la valeur!
En soulageant l'infortune des autres,
Je me ferai pardonner mon bonheur!

JOHN, *rentrant tout essoufflé.* Voilà, voilà, mylady... J'ai eu toutes les peines du monde..! ce diable d'Yorrick ne veut pas entendre raison.

POLLY. Comment Yorrick?.... c'est le créancier?... Il est donc méchant!... Ah! que j'ai bien fait de ne pas l'épouser!..

SCENE VII.

POLLY, YORRICK, IDA, JOHN, Gens du shériff.

(Ida entre éperdue, et comme poursuivie par Yorrick et les gens du shériff.)

CHOEUR.

Air : *Rien ne m'intimide.* (Avis aux Coquettes.)

Qu'on la saisisse,
Il faut qu'on obéisse;
De la justice
Respectez les lois!
Qu'on la saisisse,
Il faut qu'on obéisse
Quand la justice
Parle par ma voix!

YORRICK, *criant.*

Marchons, vous dis-je,
Point de douceur!

POLLY.

Qui vous oblige
A la rigueur?

IDA, *courant à Polly.*

Ah! de mon ame
Calmez l'effroi,
Pitié, madame,
Pitié pour moi!

CHOEUR.

Qu'on la saisisse, etc., etc.

YORRICK, *à part.* Bon... la voilà où je voulais... (*Haut et jouant la colère.*) Il n'y a pas de protection qui tienne... de l'argent ou la prison!... (*Bas à Ida.*) N'ayez pas peur, je n'en ferai rien. (*Haut.*) Quand on doit... il faut payer... et... (*Bas à Ida.*) Pleurez plus fort... ce que j'en fais c'est pour votre bien.

IDA, *étonnée et le regardant.* Quels discours!...

YORRICK, *aux gens de justice.* Entraînez madame..... avec tous les égards dus au malheur.

POLLY, *s'avançant.* Un moment...

(Elle fait asseoir Ida sur un fauteuil, à gauche.)

YORRICK, *immobile et sans se retourner.* Oh!... c'est sa voix!... (*Haut.*) N'écoutez rien!

JOHN, *le poussant.* Prenez donc garde, vous êtes devant mylady.

YORRICK, *entre ses dents.* Vil flatteur!... (*Haut et sans la regarder.*) Je ne connais pas mylady... Je n'ai jamais connu de mylady... (*Il tourne l'œil de son côté.*) Dieu! elle est plus jolie que jamais... Elle l'a fait exprès... c'est atroce!... C'est fait pour moi, ces choses-là...

POLLY, *regardant Ida.* Une physionomie distinguée! (*Lui prenant les mains.*) Calmez-vous... (*Regardant Yorrick.*) Comment, monsieur Yorrick!...... une semblable cruauté...

YORRICK, *sans la regarder.* Un bottier a droit d'être cruel comme un autre... pour son argent... (*Avec intention.*) Il y a des gens qui le sont à bien meilleur marché... (*A part.*) Attrape!.. c'est sanglant. (*Haut.*) D'ailleurs j'ai besoin de mon argent. (*Aux gens de justice.*) Ainsi...

POLLY. Arrêtez. Quelle est la somme que l'on vous doit?

YORRICK. Onze guinées, trois schellings, six pences et les frais.

POLLY. Et c'est pour une pareille misère?..

YORRICK. Ta, ta, ta, ta... C'est avec ces misères-là qu'on finit par se ruiner.

POLLY, *lui jetant une bourse.* Il suffit.... payez-vous.

IDA. Quoi, madame!..

YORRICK, *d'un air piteux.* Je suis une victime des femmes...elles s'entendent toutes pour me vexer...(*Regardant l'argent.*) Il y a plus que mon compte... (*Il met la bourse dans sa poche.*) C'est très-bien.

POLLY. Allez, monsieur, je suis ravie de vous connaître... de savoir que vous avez un mauvais cœur.

YORRICK, *d'un air pénétré.* Il n'y a pas de mauvais cœur à ça... je voulais rentrer dans mes fonds... je pars demain. Je pars pour m'éloigner... pour fuir l'Angleterre. Et, à propos de cela, vous m'obligerez de dire à votre... (*hésitant*) à votre... je ne pourrai jamais... (*vivement*) vous m'obligerez de dire au maître de cette maison de me solder mes comptes... Je ne veux plus avoir aucun rapport avec lui.

POLLY. Vous êtes un impertinent!..Sortez!

YORRICK. C'est ce que j'allais faire. (*Il remonte la scène. A part.*) Bravo, Yorrick!.. l'ancienne maîtresse reste auprès d'elle... il est impossible qu'il n'arrive pas quelque catastrophe... Comme je le disais, c'est infernal. (*Bas à Ida assise à gauche.*) Adieu, jeune et intéressante victime!.. Vous m'en voulez peut-être de vous avoir fait arrêter; mais c'est la plus belle action de ma vie. Vous verrez, vous verrez plus tard... vous direz : Ah! quel brave homme!.. (*A Polly.*) Je désire que mylady soit aussi heureuse... (*appuyant*) qu'elle le mérite.... J'ai dit : Qu'elle le mérite... et ce n'est pas sans intention... que j'appuie sur le mot! (*A part.*) Je suis content de toi, Yorrick... tu as été grand et digne!.. (*Aux gens du shériff.*) Venez, messieurs.

(Yorrick sort, ils le suivent.)

SCENE VIII.

IDA, POLLY.

POLLY, *courant à Ida.* Remettez-vous, madame. Il est parti... Mais je ne puis m'expliquer la conduite de cet Yorrick.

IDA. Moi-même, j'ai peine à la comprendre, lui qui m'avait recueillie avec tant de bonté!

POLLY, *à part.* C'est l'inconnue dont il m'avait parlé. (*Haut.*) Qui a donc pu le faire changer?

IDA. Je l'ignore... Ce matin, son caractère n'était plus le même... Il me signifie l'ordre de sortir de chez lui... il m'entraîne!... il semblait me pousser vers cet hôtel.

POLLY, *surprise et lentement.* C'est singulier!

IDA, *regardant autour d'elle.* Mais où suis-je donc? Ah! grand Dieu!

POLLY, *plus surprise.* Vous connaissez cette maison!

IDA, *souriant péniblement.* Ah!.. Je n'aurais jamais cru y recevoir les secours de la pitié... Autrefois c'est moi qui l'habitais.

POLLY. Vous?

IDA. J'y marcherais sans me tromper... (*Montrant une porte.*) Là, était une galerie; ici, le salon bleu... puis le boudoir... de ce côté...

POLLY, *étonnée.* Mais elle connaît ma maison bien mieux que moi!

IDA, *avec joie.* Ah! rien ne l'aurait effacée de ma mémoire.

POLLY, *la regardant.* Vous, madame?... Qui donc êtes.vous?

IDA. L'épouse de lord Ilverton.

POLLY, *frappée.* De lord...

IDA. Le connaîtriez-vous?

POLLY, *troublée.* Oh! ça n'est pas possible... l'épouse d'un frère... d'un parent, sans doute... car sa femme, à lui.... elle était...

IDA. En Irlande.

POLLY, *tremblante.* Et...... elle y est morte?..

IDA. On a dû le croire... mais elle est devant vous.

POLLY, *avec un cri étouffé.* Sa femme!... (*Se cachant la tête dans ses mains, et à part.*) Dieu!. sa femme.... et moi... il m'a donc trompée!...

IDA, *courant à elle.* Qu'avez-vous? pourquoi ce trouble?...

POLLY, *troublée et la regardant toujours.* Ah! je veux tout savoir! je veux éclaircir!

IDA. De grâce... expliquez-vous!

POLLY. Oui... oui... un événement que je ne puis croire encore... Oh! mon Dieu! pourvu que ma pauvre tête...

(Elle court près de la table et sonne.)

IDA, *très-étonnée.* Je m'y perds!

SCENE IX.

LES MÊMES, JOHN.

POLLY, *à John.* Conduisez madame... les plus grands soins. (*Écoutant.*) Eh mais! quelqu'un monte l'escalier...

JOHN, *regardant au dehors.* C'est mylord.

POLLY. Mylord. Ah! John... pas un mot sur la présence de madame... c'est à moi de lui dire... Venez, venez, madame, il faut que je vous parle... votre repos, le mien... (*A part.*) Ah! je suis bien malheureuse!

(Elle entre à droite avec Ida.)

JOHN, *seul, la suivant des yeux.* Malheureuse!... ils s'y mettent de bonne heure!.. (*Regardant au fond.*) Et le mari aussi..... pâle, agité!...... Ah çà! qu'est-ce qu'ils ont donc?

SCENE X.

ILVERTON, *entrant par le fond, il est pâle et en désordre.* MORTIMER *le suit,* JOHN, *à droite.*

ILVERTON, *à Mortimer.* Laisse-moi.

MORTIMER. Ilverton!

ILVERTON, *se jetant sur un fauteuil à gauche.* Fatalité!.... deux mariages!... deux femmes!... moi!

JOHN, *à part.* Deux femmes... oh!...

MORTIMER, *apercevant John.* Chut! .. (*Haut.*) Où est mylady?

JOHN. Elle vient de rentrer.

MORTIMER. C'est bien... Sortez, et ne laissez monter personne.

JOHN, *à part.* Quelle nouvelle!

(Il sort par le fond.)

SCENE XI.

ILVERTON, MORTIMER.

ILVERTON. Ah!

MORTIMER. Au nom du ciel!.... calme-toi.

ILVERTON. Cette lettre! grand Dieu!... cette lettre! tu ne pouvais pas me la donner plus tôt!

MORTIMER. Quand je l'ai reçue... il n'était plus temps... et puis... je l'avoue, j'ai perdu la tête!

ILVERTON, *accablé.* Par quel enchaînement?... Lady Ilverton!.. elle existait!.. et depuis un an, ce valet... ce misérable Anderson, qui était auprès d'elle, nous trompait donc!... dans quel but... dans quel espoir?... Et elle, pourquoi ce long silence? Ma raison s'égare, et je n'ai pas la force même de penser ou de comprendre.

MORTIMER. Allons... allons.... pas de bruit, pas d'éclat..... et un peu de courage!

ILVERTON. Du courage!... à quoi bon? pour lutter contre une destinée qui m'écrase?.. Comment échapper aux reproches de deux personnes qui me devront leur malheur!... Lady Ilverton... pourrai-je supporter ses regards!.. elle va me redemander son nom, son titre indignement méconnus; et la pauvre Polly! comment justifier! Ah! j'aurais bien mieux fait ce matin, comme je le voulais, de me briser la cervelle!

MORTIMER. Un moment, quediable! tu as une manière d'arranger les affaires! Voyons, je vais courir, tâcher de découvrir lady Ilverton... car cette lettre n'indique aucun domicile... mais je m'adresserai au bureau des étrangers, à tout le monde... je la retrouverai, et je l'engagerai au silence... à la discrétion... jusqu'à ce que nous ayons eu le temps de prendre un parti!

AIR *de la Vieille.*

Mais tu me promets de m'attendre,
Je vais te retrouver ici?

ILVERTON.

Je le jure!

MORTIMER.

Bien! il faut prendre
Tous les moyens d'attendrir l'ennemi!

ILVERTON.

Elle ne voudra plus m'entendre.

MORTIMER.

Pourquoi?... tu dois être obéi...
Puisqu'elle veut que tu sois son mari!
Mais si je perds enfin toute espérance,
Si le destin trahit mon éloquence,
S'il faut partir pour braver leur vengeance;
(*Avec ame.*)
Je veux avant cette cruelle absence...
Je veux encor, je le demande ici,
Serrer la main de mon ami!
N'y manque pas, que je te trouve ici,
C'est le dernier vœu d'un ami.

(*Parlé.*) Adieu! bon espoir.

(Il sort par le fond.)

SCENE XII.

ILVERTON, *seul.*

De l'espoir... quand le déshonneur... la honte!.. Lady Ilverton... elle doit me haïr, et ne me pardonnera jamais... Sa présence seule, d'ailleurs, n'est-elle pas mon arrêt!.. Ah!.. il n'y a pas à hésiter... dès que Mortimer sera revenu... Oui! oui! je n'aurai du moins à rougir devant personne. (*Après un silence.*) Mais Polly!.. malheureuse enfant... de quel droit ai-je été disposer de son sort pour la vouer aux larmes! (*Près de la table.*) Ecrivons-lui!.. (*Traçant à la hâte quelques lignes.*) La moitié de ma fortune... c'est justice! (*Jetant sa plume.*) Cette lettre est froide... cruelle... j'aime mieux la voir... la préparer tout doucement. (*Il sonne sans tourner la tête.*) Holà!.. quelqu'un?

(Ida a entr'ouvert la porte et s'est avancée lentement.)

SCENE XIII.

ILVERTON, IDA.

ILVERTON, *toujours à la table, et sans regarder.* Faites venir ma femme!

IDA, *très-émue.* Laquelle, mylord?

ILVERTON, *se levant avec terreur.* C'est elle!..

IDA, *s'appuyant contre un fauteuil.* Je me soutiens à peine!

ILVERTON. Lady Ilverton!.. ici!

IDA, *avec douceur.* N'en soyez point irrité, mylord... le hasard seul... Je sais que je ne suis plus chez moi.. je vais m'éloigner.

ILVERTON, *l'arrêtant, sans oser la regarder.* Mylady... (*A part.*) Je n'ose lever les yeux... (*Jetant un regard sur elle.*) Oh!... quelle pâleur... qu'elle a dû souffrir!..

IDA, *qui a entendu.* Souffrir?.. oui, mais il faut bien long-temps pour mourir de chagrin... et cependant je ne connaissais pas tout mon malheur!

ILVERTON, *ému.* Ida!.. par pitié!.. ne m'accablez pas!.. si vous saviez quels tourmens!.. si vous saviez que le remords ne m'a plus quitté depuis cette nouvelle affreuse... que maintenant je ne puis m'expliquer... (*La regardant avec surprise.*) Etait-ce donc une épreuve?

IDA. Jamais je n'en aurais eu la pensée.

ILVERTON. Mais alors!.. quel événement?..

IDA. Si vous le désirez, monsieur, je vous le dirai.

ILVERTON. Ah!.. parlez!.. parlez!..

(Ida fait un mouvement pour s'approcher, sa faiblesse, son émotion, l'obligent à s'asseoir. Ilverton avance la main pour la soutenir, il reste debout près d'elle.)

IDA, *après un silence.* J'étais partie pour vous obéir... et, du fond de mon exil, j'appelais de tous mes vœux cette réunion prochaine dont vous m'aviez flattée. Cet homme... cet Anderson, que vous aviez chargé de m'accompagner, avait mieux lu dans votre pensée... il savait que vous ne viendriez pas... et, dès les premiers temps, je remarquai en lui un ton, des manières, qui me semblaient étranges. Un matin il m'annonce que vous me rappelez à Londres. Dans mon impatience... je m'élance seule avec lui dans une chaise de poste, et nous partons!.. Le soir... nous nous étions égarés, me dit-il... une masure presque abandonnée fut notre seul refuge!... C'est alors que le misérable osa m'avouer l'espoir le plus inoui, le plus insultant!

ILVERTON, *indigné.* Lui!

IDA. Il osa me parler d'un amour qu'il nourrissait depuis long-temps!

ILVERTON. L'infâme !

IDA. Vous êtes morte pour le monde entier, me dit-il... j'ai écrit à mylord que vous n'existiez plus... j'en ai fourni les preuves... et désormais vous ne vivrez que pour moi !.. (*Avec agitation.*) Dans ce moment, je l'avoue... je crus vous haïr !.. Seule... sans défense... livrée à l'audace d'un valet !

ILVERTON, *avec rage.* Et je l'ignorais !

IDA, *cherchant ses souvenirs.* Vous dire par quel miracle j'ai pu lui échapper... je ne sais... je me rappelle à peine... un souvenir confus... tandis qu'il renvoyait les chevaux... oui... oui... des draps... à une fenêtre... je me trouvai seule... courant à perdre haleine, et je me crus sauvée !.. mais qu'il me restait à souffrir, mon Dieu !.. sans ressources... une si longue distance !.. obligée d'implorer des secours... accueillie par les uns, repoussée par les autres... ne sachant comment arriver jusqu'à vous !... je me décidai à confier mon secret a quelques paysans... j'invoquai le nom de mon époux... je leur promis les plus riches récompenses !.. on me regardait avec compassion !.. « — Une lady, à » pied !.. sous ces vêtemens misérables !... » quelle apparence !.. » Ils me crurent folle... il y avait de quoi le devenir, et je l'ai été... Oh ! oui !.. j'en suis certaine. (*Avec désespoir.*) Combien de temps ?... je l'ignore !... mais j'ai été folle !... car je ne me rappelle rien... je ne me souviens de rien... que de mon désespoir; et puis.. longtemps après, d'un vieillard, un bon ministre de village, qui me soignait... me consolait... me fit conduire jusqu'à Bath, et me donna l'argent nécessaire pour gagner Londres... (*Se cachant la figure dans ses mains, et retombant en sanglotant dans son fauteuil.*) Vous savez, mylord... ce qui m'y attendait...

ILVERTON, *à ses pieds.* Ida ! et c'est pour moi que vous avez tant souffert... pour un ingrat qui a brisé le cœur le plus dévoué... et il ne m'est plus permis de réparer ma faute.... (*avec désespoir*) une autre...

IDA. Ilverton, (*tressaillant*) on vient.

ILVERTON, *sans oser regarder.* C'est Polly, sans doute ! Ah ! comment supporter ses regards !

SCENE XIV.

LES MÊMES, POLLY, *pâle, avec son costume du premier acte et portant un plateau qu'elle pose aussitôt à droite.*

POLLY, *très-émue.* Vous m'avez appelée, mylord ?

ILVERTON. Ciel !

IDA. Que vois-je?

POLLY, *les traits altérés et cherchant à sourire.* Pourquoi cet étonnement? c'est l'heure de prendre le thé... et je vous l'apporte.

ILVERTON. Polly!

IDA. Ce costume?..

POLLY. N'est-ce pas le mien ? ne le portais-je pas encore ce matin ? Il est vrai que, dans un accès de folie, j'en avais changé... on avait voulu me donner un nom qui n'était pas le mien.... je croyais qu'il n'appartenait plus à personne... car, sans cela, pour tout l'or du monde... je n'aurais voulu acheter un repentir !.... Dans le premier moment... quand j'ai connu mylady... oh! je l'avoue, j'ai été bien malheureuse !.. je sentais mes idées se confondre, ma pauvre tête s'en aller. (*Se remettant un peu.*) Mais, je me suis dit aussitôt: Mademoiselle Polly, vous n'êtes qu'une orgueilleuse... tout cela ne vous appartient pas, rendez-le bien vite à celle qui le réclame..... le bonheur ne vous est venu que ce matin, il peut bien s'en aller ce soir... ce n'est pas une assez vieille connaissance pour que vous la regrettiez. (*Le cœur gros.*) Malgré cela je sentais des larmes.. hé ! tenez, encore.. (*S'efforçant de sourire.*) Oh ! mais, ce n'est rien, c'est fini..... et quand j'ai vu cela... (*étouffant*) j'ai repris mon tablier... pour essuyer mes yeux.

(Elle se détourne.)

IDA, *courant à elle.* L'ai-je bien entendu !

ILVERTON. Polly !

POLLY, *souriant à travers ses larmes.* Je vous le disais bien, mylord, j'étais sûre que je m'éveillerais.

IDA, *avec bonté et lui prenant la main.* Vous pleurez ! vous pleurez encore !

POLLY. Oh ! non, non, j'aurais l'air d'un enfant qui pleure pour une belle robe... (*avec embarras*) d'autant que... je puis vous l'avouer maintenant, j'ai été séduite un moment... l'envie de briller.... de faire la dame... mais au fond je n'aimais pas mylord.

ILVERTON *et* IDA. Quoi !

POLLY. Mon Dieu, non ! (*A part*) Ah! voilà ce qui me coûte le plus... mais il le faut.

ILVERTON *et* IDA. Comment?

POLLY. C'est-à-dire, je l'aimais d'affection, d'amitié, comme je l'aimerai toujours !.. et je serai bien vite consolée... si vous me pardonnez... (*passant au milieu*) et si mylord renonce à son horrible projet... car, je vous ai entendu tout-à-l'heure, mylord, j'étais là ; et c'est bien mal au moins... vous n'avez pas le droit de disposer de vous.

IDA, *alarmée.* Que voulez-vous dire?

POLLY. Oui, oui, si vous saviez... (*A Ilverton.*) Vous ne vous appartenez plus... et si l'une de nous consent à s'en aller, c'est pour que vous soyez heureux avec l'autre, qui a tant souffert pour vous... Il faut que vous viviez, entendez-vous... je le veux d'abord, c'est ma récompense à moi... et vous êtes trop juste pour me l'enlever...

IDA, *dans les bras de Polly.* Bonne et excellente Polly!

ILVERTON, *attendri.* Ah! malgré moi... mes larmes!.. mais tu t'abuses, cher enfant... ton sacrifice est inutile... ce mariage... il existe... rien ne peut le rompre, et les tribunaux anglais...

POLLY. Oh! mon Dieu! vous seriez menacé!... vous... (*Frappée d'une idée.*) Eh bien! qui vous empêche de quitter l'Angleterre?

IDA *et* ILVERTON. Comment?

POLLY, *vivement.* Partez à l'instant même avec madame... allez sur le continent... mais partez tout de suite.... ne perdez pas une minute!

IDA, *lui prenant la main.* Et vous, chère Polly?...

POLLY, *avec sentiment.* Vous serez heureux... c'est tout ce qu'il me faut... Mais partez, partez vite!

(On entend frapper en dehors à coups redoublés.)

TOUS, *s'arrêtant.* Qu'entends-je?

UNE VOIX, *en dehors.* Ouvrez, au nom du shériff et du lord maire!

TOUS TROIS. Le shériff!

ILVERTON, *d'une voix étouffée.* Tout est découvert!

IDA. Grands dieux!

POLLY, *aux valets qui paraissent dans le fond.* C'est égal!.. n'ouvrez pas!.. barricadez les portes... courez vite... (*A Ida.*) Pardon, mylady... c'est le dernier ordre que je donnerai ici... mais c'est pour le sauver!

SCÈNE XV.

LES MÊMES, YORRICK, *accourant par la gauche.*

YORRICK, *tout effaré.* Alerte, mylord... fuyez!.. la maison est cernée... les gens de justice...

TOUS. Eh bien!

YORRICK, *désolé.* Ils viennent vous arrêter.... et c'est moi.... moi! qui en suis cause!..

POLLY. Vous... Yorrick... quelle horreur!..

YORRICK. J'en perds la tête... je ne croyais pas mal faire... je ne me doutais pas que madame se trouvait réellement... j'attendais tranquillement l'effet de ma ruse... devant ma boutique... là... les mains dans mes poches... lorsque j'ai entendu bavarder... vos gens et les commères du quartier... qui disaient: Deux femmes!.. un mylord... quelle indignité!... c'est horrible!.. c'est affreux!

TOUS. Enfin?..

YORRICK. Enfin, la justice est arrivée... oh! alors, j'ai pensé à mon pauvre Tompson le chapelier... vous savez celui qui a été... ce qui est une bêtise de la constitution... on devrait taxer cela comme un objet de luxe!.. et voilà tout!.. j'ai voulu réparer ma faute... je me suis glissé par les cuisines... j'ai renversé le repas de noces, tant pire!.. mais j'ai dit à vos gens de seller votre meilleur cheval de chasse... et si vous voulez me suivre...

POLLY, *courant à lui.* Tu as fait cela?.. ah! c'est bien!

IDA, *à Ilverton.* Profitez-en, mylord.

ILVERTON. Vous le voulez?

TOUS. Oui... oui...

YORRICK. Ils enfoncent les portes... venez vite...

IDA. Ciel!

(La porte du fond s'ouvre et laisse voir le shériff et les gens de justice, entourés des valets.)

ILVERTON. Il n'est plus temps!

POLLY *et* IDA. Malheureuse!..

SCENE XVI.

LES MÊMES, LE SHÉRIFF, GENS DE JUSTICE, JOHN, DOMESTIQUES.

(Moment de silence.)

LE SHÉRIFF, *à ses gens.* Gardez toutes les issues... (*S'avançant en scène.*) Lord Ilverton?

ILVERTON. C'est moi, monsieur.

LE SHÉRIFF. La clameur publique vous accuse...

ILVERTON Je sais... je suis prêt à vous suivre!.. (*S'approchant lentement des personnages à mesure qu'il leur parle.*) Yorrick, je suis touché de votre zèle...adieu, Polly, et vous chère Ida... pardon encore!.. tout mon regret en vous quittant est de n'avoir pu expier mes torts... et réparer votre malheur!.. (*Au shériff.*) Allons, monsieur....

MORTIMER, *en dehors.* Arrêtez... arrêtez!..

TOUS. Qu'est-ce donc?

ILVERTON. Mortimer!

SCENE XVII.

Les Mêmes, MORTIMER, *accourant.*

MORTIMER. Arrêtez, messieurs... c'est-à-dire, n'arrêtez personne!.. car, Dieu merci! personne n'est coupable.

ILVERTON. Que veux-tu dire?

LE SHÉRIFF. Personne ?

MORTIMER. Non, digne et respectable shériff.... la vindicte peut rester calme... et vous aussi... tout le monde est pur!

IDA *et* POLLY. Il serait possible!

YORRICK. C'est un peu fort!

ILVERTON. De grâce, parle vite.

MORTIMER, *essoufflé.* C'est bien mon intention!.. mais j'ai tant couru depuis deux heures!.. furieux, indigné contre moi-même de ne pas découvrir mylady, que je cherchais inutilement, puisqu'elle était ici... mais résolu à te sauver, à tout prix... je prends un parti désespéré!.. je cours chez le révérend Willis, qui avait célébré le second mariage... pour brûler le registre, déchirer le feuillet fatal; enfin, quelque moyen honnête... et j'arrive chez lui.... décidé à le séduire ou à l'étrangler!..

LE SHÉRIFF. Comment, monsieur!

MORTIMER. Rassurez-vous... je ne l'ai pas étranglé... et je n'ai pas eu besoin de le séduire!.. un événement incroyable, et cependant tout naturel... on a bien raison de dire que les choses les plus simples sont celles auxquelles on pense le moins!.. Figurez-vous, j'arrive chez le digne pasteur, qui était assis tranquillement, les lunettes sur le nez! — Vous voilà enfin s'écrie-t-il, il y a quatre heures que je suis-là à vous attendre. — Pourquoi faire? — Pour signer. — Quoi? — Hé parbleu! l'acte de mariage de votre pupille, qui serait nul sans cela... »

TOUS. Qu'entends-je?

MORTIMER. En effet, dans mon trouble, tantôt j'avais oublié... Il serait nul? m'écriai-je. — Sans doute!... N'êtes-vous pas tuteur? — Certainement... je suis tuteur... et je vous déclare que je m'oppose au mariage... je m'y oppose de toutes mes forces!.. nul!.. de toute nullité... et je m'élance sur le registre et j'y inscris mon *véto* officiel!.. et je saute au cou du ministre qui me regarde d'un air hébété... je l'embrasse!.. j'embrasse son clerc... j'embrasse sa femme... qui est affreuse... mais c'est égal!.. je n'avais plus la tête à moi... et j'accours te rendre l'innocence... et ton épouse légitime!..

ILVERTON, *dans ses bras.* Mon ami!

IDA. Notre sauveur!..

ILVERTON, *revenant à sa femme et la serrant sur son cœur.* Chère Ida!

POLLY. Mon cher tuteur... ah! il faut que je vous embrasse!..

MORTIMER, *gaîment.* Volontiers... pendant que j'y suis.

POLLY, *après l'avoir embrassé.* Je suis si contente... si heureuse!..

YORRICK. Et moi donc!.. que je suis fier, que ma mauvaise action ait eu sa récompense... car je ne voulais que renverser l'usurpateur.

(Il montre Polly.)

POLLY, *souriant.* Vraiment?

YORRICK. Je le jure par la vieille Angleterre... (*D'un air tendre.*) Mais si l'usurpateur veut me rendre ma place... je ferai comme tant d'autres... je me soumettrai. (*Souriant et d'un air tendre.*) L'usurpateur voudra-t-il me rendre ma place?...

POLLY. Comment, monsieur Yorrick... vous n'auriez pas peur de m'épouser en secondes noces?

YORRICK. Pourquoi donc?.. vous n'avez pas eu le temps d'être veuve!

POLLY. Soit!.. vous avez un bon cœur... (*à part*) et je lui dois bien cela, pauvre garçon!

YORRICK, *à Mortimer.* Dites donc, tuteur... vous n'oublierez pas... de signer, cette fois?

MORTIMER. Je signe le premier!

CHOEUR FINAL.

Air : *Vive la charité.*

Au bonheur, au plaisir,
A l'allégresse
Que chacun renaisse!
Et qu'ici le plaisir
Chasse bien loin tout fâcheux souvenir!

FIN.

BIBLIOTHÈQUE ROYALE

Imprimerie de Ve Dondey-Dupré, rue Saint-Louis, 46. au Marais.

www.ingramcontent.com/pod-product-compliance
Ingram Content Group UK Ltd.
Pitfield, Milton Keynes, MK11 3LW, UK
UKHW020226180726
13838UKWH00005B/2210

9 782329 438245